KB155595

| 중위권에서 상위권으로 도약하는 |

중학생
공부기술 27

지은이 | 전효진·전태경·박태웅·김동환
그린이 | 이일선

효진이의 한마디

친구들아, 공부 좋아하니?

난, 정말 공부가 싫었어.

세상에는 공부 말고도 재미있는 일이 너무도 많으니까.

그래서 공부하라는 부모님의 말씀을 늘 잔소리로 여겼어.

그러나 이제는 그렇지 않아.

공부는 나의 취미이자 특기가 되었어.

그러자 전교 1등이 남의 이야기가 아닌 나의 일이 되었지.

어떻게 그런 일이 가능했느냐고?

궁금한 친구들을 위해 나만의 공부기술을 이야기해 줄게.

제1장
효진이가 공부를 하기까지

나는야 평범한 중학생 9

왜 공부를 해야 하나요? 13

컴퓨터마니아를 위한 아빠의 전략 19

30분 공부 약속과 아빠의 보상 24

공부를 방해하는 4가지를 제거하라 28

나는 학원 체질이 아니야 33

우등생만이 가진 공부 기술을 찾아라 37

제 2 장
우등생에게는 그만의 비법이 있다
전문가에게 듣는 중학생 공부 기술

1_ 우등생의 공부 기술 따라잡기 43

2_ 생활 계획표만 짜도 절반은 우등생 45

3_ 방학은 상위권으로 도약할 수 있는 절호의 기회 49

4_ 쉬는 시간 10분을 놓치지 마라 54

5_ 독서에도 기술이 필요하다 57

6_ 공부에 대한 자신감을 가지고 집중하라 61

7_ 우등생에게는 남다른 기억법이 있다 66

8_ 아침밥에 성적 향상 비법이 숨어 있다 71

9_ 성적에 대한 스트레스는 성적을 하락시킨다 74

10_ 자신의 학습 태도를 체크하라 77

11_ 자신의 학습 행동 유형을 파악하라 79

12_ 자신의 성격 유형에 맞는 공부 방법을 찾아라 83

13_ 작은 목표부터 성공시켜라 87

14_ 목표와 진로가 분명해야 성공 가능성이 커진다 89

15_ 건강한 육체와 정신에서 실력이 나온다 92

제 3 장
우등생으로 Jump! Jump!
상위권으로 도약하는 공부 기술

16_ 먼저 교과서를 정복하라 97

17_ 암기 과목은 정말 기술이 필요하다 101

18_ 영어 공부 쉽게 하는 기술을 익혀라 103

19_ 수학을 잘하게 하는 기술을 익혀라 109

20_ 사회를 잘하게 하는 기술을 익혀라 113

21_ 과학을 잘하게 하는 기술을 익혀라 116

22_ 노트 정리에도 기술이 필요하다 119

23_ 수행평가 점수를 잘 받는 기술 125

24_ 시험에서 승리하는 기술 128

25_ 벼락치기에도 기술이 있다 131

26_ 시험 불안을 다스려야 좋은 성적이 나온다 134

27_ 성적 100% 올리는 시험 잘 보는 기술 137

제1장
효진이가
공부를
하기까지

나는야 평범한 중학생

내 이름은 효진, 전효진이다. 개그우먼 김효진 언니와는 이름만 같을 뿐 아무런 관계도 없다.

내 꿈은 초등학교 선생님, 웹 디자이너, 의상 디자이너, 변호사, 방송사나 신문사 기자, 드라마 작가, 평범한 주부, 유능한 CEO, 오지 탐험가, 돈 많은 왕자나 어느 유명한 가수의 여자 친구, 등등 딱 한 가지 되고 싶은 것은 없고 생각할 때마다 바뀐다.

내가 좋아하는 음식은 피자, 떡볶이, 팥빙수, 아이스크림 케이크, 쥐포튀김, ― 스읍~, 쩝쩝! 침 나온다. ― 그리고 비싼 음식은 거의

다 좋아한다. 아니, 없어서 못 먹는다.

내가 가장 좋아하는 놀이는 컴퓨터 게임, 채팅, 멍하게 앉아 가요 프로 시청하며 노래 따라 부르기, 애국가 나올 때까지 텔레비전 지키기, 나의 이상형인 가수 오빠들에게 엽서 보내기 등등 평범하기 그지 없는 것들이다. 물론, 그 평범함을 부모님은 속 터져라 하시며 못 참으시지만, 나는 성질이 좀 못돼서 그런지 누가 시켜서 억지로 하는 일을 제일 싫어한다. 그래서 공부와도 별로 안 친하다. 그 때문에 엄마의 잔소리와 아빠의 눈초리가 날카롭고 따가워도 난 신경 쓰지 않는다. 한 마디로 '배 째세요.' 다 — 허걱! 간이 단단히 부었군.

생기발랄 에너지가 넘치는 십대를 살아가는 꿈 많은 여중생에게 이 세상은 너무 갑갑하기만 하다. 초등학교 때부터 웬수 같은 공부에 갇혀서 대학이라는 좁은 문만을 바라보아야 한다.

그러나 세상과 어른들이 그러면 그럴수록 우리는 자꾸 딴 데를 바라보고 싶어진다. 이 땅에 재미있고 신나는 일이 얼마나 많은데 공부에만 매달려 있겠는가? TV와 연예인, 컴퓨터와 게임, 그리고 채팅……. 이런 달콤한 유혹을 뿌리칠 수 있는 힘이 그 무엇에 있단 말인가?

아, 나는 신나는 중딩!

중간고사를 본 결과가 나왔다. 결과는 전교 439명 중 168등, 우리

반에서도 16등. 앗~싸!

이 정도면 내 머리가 돌이 아니라는 증거 아닌가. 부모님께 크게 야단맞을 정도의 실력은 아니니까 일단 안심이다. 공부 제대로 안 하고도 이정도의 실력이라면, 앞으로 쭈~욱 놀아도 된다는 말씀!

용돈 탈탈 털어서 친구들에게 떡볶이 한 방을 쏴았다. 잘난 내가 쏴야지 누가 쏴겠는가. 그리고 신나는 마음으로 컴퓨터 앞으로 달려가 채팅에 빠져들었다. 기분이 좋아서 그런지 채팅도 술술 잘 풀렸다.

왜 공부를 해야 하나요?

효진이 녀석이 공부하는 모습을 볼 수가 없다. 중학생이 된 지 벌써 몇 개월이 훌쩍 지났는데, 아직도 초등학생 티를 벗지 못한 것 같다. 그동안 스스로 공부하기를 기대하면서 잠자코 있었는데, 인생을 먼저 살아본 선배이자 아빠로서 이대로 보고 있을 수만은 없다. 저렇게 텔레비전과 컴퓨터에만 빠져서 공부를 멀리하는 것이 습관으로 자리 잡히게 될까 봐 걱정이다.

녀석이 성적표를 가져다주는 모습이 스스로 만족하는 듯하여 더 걱정이다. 특별히 공부를 하지 않았는데 중상위권 성적이라고 자신은

내심 기분 좋은가 보지만, 중학교 1학년 성적은 아직 기초를 다지는 수준이라서 꾸준히 공부하지 않아도 어느 정도의 성적은 받을 수 있다.

그러나 그대로 가다가는 점점 성적이 떨어질 것이고, 결국 공부와는 상관없는 아이가 되고 말 것이다. 지금부터 기초를 튼튼히 쌓아놓지 않으면 갈수록 공부가 힘들어질 것이 뻔한데, 저 녀석을 어떻게 설득해야 하나 고민이다.

지금도 효진이 녀석은 가요 프로에 나오는 연예인에게 쏙 빠져서 몇 시간째 TV 앞을 지키고 있다. 자기 방을 온통 연예인 사진으로 도배를 하고, 주말에는 공연에 가겠노라고 들떠 있다. 기분 같아서는 TV를 확 끄고 꿀밤을 한 대 먹이고 싶지만 꾹 참고 있다.

"효진아, 잠깐 이리 와 봐."

"네? 잠깐만요. 이거 다 보고."

어쭈!

부르르 주먹이 떨렸지만, 갑자기 혼을 낼 수도 없어서 수도하는 마음으로 기다렸다.

내 표정이 조금 무서웠는지 잠시 후 뻘쭘거리며 녀석이 왔다.

"아빠, 왜요?"

"……."

"제가……. 뭐 잘못했어요?"

아이에게 어떻게 이야기를 꺼내야 할지 며칠간 고민했는데도 막상 말을 시작하기가 쉽지 않았다.

"저, 네 성적 말인데……. 아빠가 보기에 조금 아쉽더구나."

"네."

"사실, 네가 생각하는 대로 그렇게 못한 것은 아니야. 하지만 문제는 네가 지금 전혀 공부에 시간이나 노력을 들이지 않고 있다는 점이야."

내가 워낙 진지하게 말을 꺼내서 그런지 효진이도 표정이 무거워졌다. 저 아이에게 몇 년 앞까지 보게 해야 하는가 잠시 숨을 고르며 생각했다. 그리고 오늘은 대학까지만 이야기하자고 마음먹었다.

"지금까지 배운 것은 앞으로 배우게 될 것에 비하면 새 발의 피도 안 돼. 네가 지금처럼 공부에 관심을 갖지 않고 기분대로 살아간다면 성적은 순식간에 바닥으로 떨어지고 말 거야. 그렇게 되면 인문계 고등학교는 갈 수가 없게 되지. 그러면 대학과도 멀어지는 것이고."

"……."

"어른들은 왜 그렇게 대학, 대학 하느냐고 불만이 많겠지만, 대학을 그렇게 우습게 보거나 쉽게 보아서는 안 된다. 물론 대학을 나오지 않고도 성공할 수는 있어. 그러나 그건 너무 힘들고 몇 배 몇십 배의 노력이 필요해. 아빠가 폼으로 또는 명함 내밀기 좋으라고 대학에 가라고 하는 말이 아니야."

지금까지 공부나 대학의 중요성에 대해 아이에게 진지하게 이야기
해본 적이 없기 때문에 효진이는 궁금증이 가득한 눈으로 나를 바라
보았다. 효진이에게 설명해 준 대학 교육의 가치와 중요
성을 대략 정리하면 다음과 같다.

대학은 자신의 목표를 이루기 위한 수단이지 결코 목적이 아니다.
자신의 인생에 뚜렷한 목표가 있고 계획이 있는데, 그것을 이루는 데
대학이란 곳이 필요가 없다면 대학을 갈 필요가 없다. 그러나 지금
당장 뚜렷한 목표가 없다면 대학이라는 보다 큰 테두리 안에서 자신
의 진로에 대해서 생각하는 것이 더 현명한 방법일 것이다.

대학은 자신의 전공뿐 아니라 외국어와 컴퓨터 실력은 기본적으로
갖추어야 하고, 다양한 활동을 통해서 경험과 관계를 넓혀가는 기회
의 장소로서 사회 생활에 커다란 영향을 미치는 곳이다. 뿐만 아니
라, 전문지식을 얻음으로써 자신이 원하는 분야로 취업을 하거나 전
문직에 종사할 수 있게 된다.

현대 사회는 끊임없이 빠르게 변하고 있다. 다양한 기술과 전문화
된 분야가 쉴 새 없이 쏟아져 나오고 있고, 사회는 그에 맞추어 전문
화되거나 전문화될 수 있는 고급 인력을 요구하고 있다. 그렇기 때문
에 사회가 요구하는 능력과 기술을 갖추어야만 성공적인 사회 생활

을 할 수 있다.

지금까지 대학은 자율성과 학문의 자유를 보장받으면서 고등 지식과 진리 탐구에 매진할 수 있는 곳으로, 또한 자율적으로 사고하는 교양인을 양성하는 곳이었다. 그리고 사회의 정치, 경제, 문화적인 발전의 역할을 했을 뿐만 아니라 사회 전반에 걸쳐 올바른 가치와 신념을 끊임없이 논의하고 제시해왔다.

사람들은 언제나 보다 더 나은 사회를 원한다. 거기에 이바지할 수 있는 지혜와 능력을 배울 수 있는 교육을 받아 그러한 기술과 능력을 보다 가치 있게 사용해야 한다. 대학에서는 전문적 기술과 능력을 갖추는 것뿐만 아니라, 그보다 먼저 자율적 사고력과 비판력을 가진 교양인의 소양을 갖추게 된다.

아이 앞에서 일장 연설을 하고 나니 목이 탔다. 쩝쩝!

효진이가 눈치를 채고는 음료수를 들고 왔다.

"아빠, 고맙습니다. 앞으로 공부 열심히 할게요."

흠, 갑자기 내가 대단히 훌륭한 아버지가 된 것 같아서 뿌듯해졌다.

컴퓨터마니아를 위한 아빠의 전략

아빠와 진지한 대화를 나누었다. 내가 너무 빈둥거리는 것이 아빠에게 큰 걱정거리였나 보다. 지금껏 그렇게까지 진지하게 오랫동안 말씀을 하신 적이 없었다.

아빠의 말씀을 들으면서 나의 미래에 대해 깊이 생각하는 기회가 되었다. 내 꿈을 이루기 위해 어떤 과정을 겪어야 하는지 생각해 보니 아무래도 대학은 나에게 필수일 것 같다. 그리고 대학이라는 과정을 통해 얻을 수 있는 것들을 포기하고 싶지 않다.

나는 욕심쟁이인 편이다. 친구들에게 뒤지고 싶지 않다. 편하고 좋은 것만 좇아다니다가 친구들이 대학 교육을 통해 우뚝 서 있을 때 내 모습이 얼마나 초라할지 생각해 보니 아찔해진다.

그래 방법은 공부다. 지금부터 열심히 하면 좋은 성적으로 좋은 고등학교에 가서 원하는 대학, 원하는 과에 들어가는 일은 얼마든지 가능하니까 마음먹고 열심히 해보자.

그러나……. 공부에 내 청춘 바쳐보리라 다짐했던 게 언제였던가? 단 며칠도 견디지 못하고 예전의 모습으로 돌아가고 말다니. 집에 오자마자 나는 자동인형처럼 컴퓨터를 켜고 "안 돼, 안 돼!"를 외치면서도 게임과 채팅에 빠져든다.

'으이구! 바부 뭉충이 효진!'

하긴, 자기를 이기는 것이 가장 힘들다고 하는데, 몇 년간 쌓인 내 습관이 하루아침에 고쳐질 리는 없겠지.

그래도 너무한다. 도대체 컴퓨터는 누가 만들어가지고 나를 이렇게 완존히 사로잡은 거야? 갑자기 빌 게이츠가 미워지려고 한다. 컴퓨터 분야에 내가 아는 이름은 그 사람밖에 없으니까 다른 사람은 미워하고 싶어도 할 수가 없고. 으아~! 머리를 쥐어뜯으며 나는 인터넷 게임 속으로 빠져든다.

컴퓨터 때문에 나에게 아무런 변화나 진전이 없게 된 걸 눈치 채신

우리 아빠. 보다 못해 오늘 새로운 제안을 하셨다. 컴퓨터로 공부
하는 인터넷 학습 사이트를 소개해 주신 것이다.

컴퓨터가 놀이상대만이 아니라 과외 선생님이 되다
니! 컴퓨터로 얼마나 공부가 될지는 모르겠지만, 컴퓨터와 친한 나
로서는 만세만세! 대대적으로 환영할 만한 일이다.

내 시커먼 속으로는 공부를 하다가 아무 때고 게임이나 채팅을 할
수 있다는 장점이 먼저 떠올랐다. 흐흐, 나는 어쩔 수 없는 컴퓨터마
니아!

일단 아빠가 소개해 주신 사이트를 한번 둘러보았다. 예쁘게 잘 꾸
며진 홈피였다. 일단 첫인상은 좋군!

유아에서 수능 단계, 일반인, 생활영어방까지 다양한 방이 있었다.
곧바로 중등부방으로 들어가기는 그렇고 해서, 여기저기 마구 클릭
해 보았다. 히야~! 하는 감탄사가 절로 나왔다. 공부하는 사이트인데
도 너무 재미있게 꾸며져 있었다.

중등부 방을 들어가 보니 교과 학습, 나들이 학습, 체험 학습 등으
로 동영상 교육을 받을 수 있고, 질문과 답변 코너에서 각 과목별로
질문을 하면 담당 선생님들이 답변을 해주는 코너도 있었다.

〈교과 학습〉은 학년별 모든 교과목이 기초부터 단계별, 단원별로
예습과 복습을 함께 할 수 있도록 정리되어 있다.

〈나들이 학습〉에는 영어, 일본어, 음악, 한자, 컴퓨터 등 학원 과외를 통해 배울 수 있는 과목들을 동영상으로 기초부터 배울 수 있게 구성되어 있다.

〈체험 학습〉은 국내외 여행지 안내, 전시회 등의 문화 행사 안내, 봉사 단체와 사회 단체 등의 특별 활동을 할 수 있는 단체 소개, 어학 연수 안내 등 체험을 통한 다양한 활동을 할 수 있도록 꾸며져 있다.

그리고 〈쿨 카페〉라는 코너는 내가 가장 좋아하는 곳이다. 왜냐하면 커뮤니티, 게임방, 대화방, 자료실이 있는 곳이기 때문이다. 한마디로 공부를 하다 쉬어가는 코너이다. 다른 채팅 사이트와 달리 공부와 관련된 건전하고 건설적인 대화를 나누게 된다는 장점이 있다.

〈영어 듣기 평가〉와 〈중간·기말시험의 기출 문제〉 코너는 성적을 올리는 데 짱짱짱 좋은 코너이다. 족집게 학원 강사에게 듣는 것처럼 미리 문제들을 풀어볼 수 있어서 시험 대비에 안성맞춤이다.

특이할 만한 것은 〈MY DESK〉의 〈나만의 시험지〉에서 매일 모든 과목을 평가할 수 있다는 것이다.

내가 봐도 짜임새 있게 잘 구성된 곳이었다. 학교에서 받는 수업과도 연관되고 좀더 폭넓게 공부할 수 있다는 장점도 있었다. 이 모든 것들을 잘 활용하기만 한다면 우등생의 반열에 들 날도 머지않을 것만 같다.

와~우~ 우리 아빠는 이런 사이트를 어떻게 찾아내신 것일까? 부성애의 승리인가? 이제부터는 내가 잘해야 할 텐데 과연 내가 잘 해낼 수 있을까?

30분 공부 약속과 아빠의 보상

내가 소개해 준 학습 사이트가 제법 효진이 마음에 든 모양이었다. 첫날부터 꽤 오랜 시간 들여다보며 공부를 하는 것 같았다. 그래서 당장 그곳에 1년간 유료 등록을 했다.

그런데 내가 너무 급했나?

며칠을 컴퓨터 앞에 붙어 앉아 있어서 제법 공부를 하나 보다 생각했는데, 가만 보니 공부에 집중을 못하고 주로 게임이나 채팅을 즐기고 있는 것이 발견되었다.

'이 녀석! 그 버릇 어쩌지 못하고……'

게임에 열중하는 녀석을 현장에서 체포해 심문을 했다. 많이 미안해할 줄 알았는데 오히려 녀석이 툴툴거렸다. 뭐 뀐 녀석이 오히려 큰소리라더니, 이런 걸 두고 하는 말이구나 싶다.

"공부도 하고 싶어야 재미있게 하잖아요. 의무감으로 해야 한다고 생각하니까 자꾸 거부감만 생겨서 하기 싫어요."

녀석의 그런 태도가 괘씸해서, 그게 자기 인생을 위한 일인데 왜 의무감이라고 생각하느냐고 따끔하게 혼을 냈다.

지금 우리 부녀는 냉전중이다.

참 괴롭다. 아버지와 딸의 관계가 서먹하다는 게 얼마나 불편하고 재미없고 삭막한지 딸 가진 아버지들은 다 알 것이다. 그러니 어떻게 해서든지 관계를 빨리 회복시키고, 더구나 녀석에게 공부하는 즐거움을 찾아주어야 한다.

공부에 집중하지 못하는 녀석에게 무슨 좋은 약이 없을까 부부가 머리를 맞대고 고민하다 효진이 엄마가 우리가 상을 주는 게 어떻겠느냐고 제안을 했다. 옳지, 애들에겐 그저 상이 최고지! 그나저나 뭐가 좋을까? 효진이가 쏙~ 넘어올 만한 게 뭐가 있을까?

또다시 효진이 엄마가 제안을 했다. 효진이에게 지금 제일 간절한 것은 바로 핸드폰일 것이라고. 역시 엄마만큼 자식을 잘 아는 사람은 없구나 싶다.

계속 무뚝뚝한 표정으로 나를 대하는 녀석에게 아무 일 없는 듯 다가가 웃으며 이야기하기는 쉽지 않다. 그래도 어쩌랴, 내가 참아야지.

"저녁 맛있게 먹었니?"

"그럭저럭이요."

'짜식이~, 엄마가 정성들여 해준 음식에 대한 예의라고는 전혀 없어!'

할 수 없이 녀석을 먹을 것으로 꼬시기로 했다.

"그럼, 내일 맛있는 거 먹으러 가자."

"정말요?"

역시 먹을 것 앞에서 약해지는 단순한 우리 딸. 그렇게 분위기를 부드럽게 해 놓고 슬슬 작업에 들어갔다. 인터넷 학습 사이트에 어차피 돈을 내고 등록을 했으니 한 달 만이라도 해 보라고 간절한 눈빛으로 부탁을 했다. 하루 30분씩 한 달간만 하면 휴대폰을 사주겠다고 말했다.

효진이가 꼴깍 침을 삼키는 소리가 들렸다.

'그래, 그래. 넘어와라! 넘어와!'

속으로 주문을 외며 효진이를 주시했다. 그동안 효진이가 휴대폰을 마련하기 위해 나에게 얼마나 눈물겨운 아부와 애교를 부렸던가? 그런데도 눈 하나 꿈쩍하지 않았었는데 딸의 공부 앞에서 아빠의 마음이 얼마나 약해지는지 제발 알아줘야 할 텐데.

"뭐, 좋아요. 하루 30분 정도면 괜찮겠네요."

자기 공부 하라는데 아빠에게 선심 쓰듯 말했지만, 그래도 하겠다니 얼마나 다행인가. 안심이 되어 엉덩이를 토닥여주었다. 그런데 어디 다 큰 딸 엉덩이에 손을 대느냐고 큰 소리를 치며 밀어제치는 바람에 그만 힘없이 넘어지고 말았다.

'나쁜 녀석! 내가 지금까지 저를 어떻게 키웠는데. 옛날에는 내가 엉덩이도 다 씻겨주고 그랬는데, 조금 컸다고 이렇게 괄시를 하다니…….'

공부를 방해하는 4가지를 제거하라

학교 수업이 끝나고 집으로 돌아오는 발걸음이 처질 때마다 휴대폰, 내 예쁜 휴대폰을 생각한다. 제일 비~싼 걸로 골라야지. 당근 카메라폰으로……. 흐흐흐! 휴대폰아, 조금만 이 주인을 기다려다오. 곧 너를 모셔갈 테니. 내가 많이 예뻐해 줄게.

30분을 우습게 생각했는데, 막상 해보니 그렇게 짧은 시간은 아니다. 학교에서의 한 시간 수업도 채 안 되는 시간인데 내용이 알차서 그런지 꽤 다양한 것들을 배울 수 있다. 그리고 무엇보다 더 좋은 것은 수업 시간에 배운 내용과 연결되어 있어서 교과서를 펼쳐보면서 복습을 한다는 것이다.

그런데 잠깐이지만 공부를 하면서 문득 공부에 재미를 붙이기에는 너무 많은 방해물들이 나를 괴롭힌다는 사실을 깨달았다. 그래서 도 대체 무엇이 나와 공부 사이를 이간질하고 있는지 따져보기로 했다. 노트에 생각나는 대로 적어보고 어떻게 하면 그 방해자를 처치할 수 있을지 방법을 연구하기로 했다.

내 공부에 방해되는 요소들

공부를 왜 해야 하는지 동기가 분명하지 않다.

주의집중에 문제가 있다.

잘못된 습관들

어지러운 주변 환경

그 밖에도 이유가 다양하겠지만 크게 위 네 가지로 정리가 된다.

첫 번째, 공부를 해야 하는 동기에 대해서는 아빠에게 말씀을 들었 지만 내 스스로 분명한 목표가 될 정도로 강하게 자리 잡지 못했다. 주변 사람이나 남들에게서 듣는 이야기가 아니라 내 스스로 공부를 해야 하는 이유와 목적을 찾아야 할 것 같다.

두 번째, 내 주의력이 너무 떨어지는 이유는 펄펄 끓는 젊음 때문이 기도 하겠지만 내 관심이 너무 다양하다는 것이다. 깊이 진지하게 관심을 가지고 있는 것도 아니고 웬만한 것이면 다 내 관심을 끌어들인다. 그러다 보니 쓸데없는 상상력만 늘어간다. 불필요한 가지들을 다 쳐내야만 한다.

세 번째, 잘못된 습관들의 영향이 가장 큰 것 같다. 엉덩이가 질기지 못하고 시도 때도 없이 들썩거리는 것이 문제다. 집에 오자마자 씻기도 전에 컴퓨터부터 켜서 메일을 확인하고, 몇 군데 카페에 들러본다. 그리고 곧바로 TV 앞에 앉아서 엄마가 저녁 먹으라고 고래고래 소리 지르시기 전까지 내 정신은 세상에 없다. 그러다 보니 시간 사용을 효율적으로 하지 못한다.

네 번째, 어지러운 주변 환경은 내 생활을 말해 준다. 심지어 울 엄마도 내 방에는 들어오기를 싫어하신다. 내 방에만 다녀가면 엄마도 정신이 없어진다고 하신다. 그렇다고 청소도 한 번 안 해 주시다니!

책상은 정신없이 지저분하고 정리되지 않았다. 방바닥은 발 디딜 곳을 찾아 널려 있는 물건들을 이리저리 밀어내야 한다. 옷장은 이야기를 꺼내기도 무안하다. 그러다 보니 책가방 챙기는 것도 큰일이다. 그날 시간표에 든 과목의 책과 노트가 어디에 있는지 한참을 찾아야 하니까.

여기까지 공부에 지장을 주고 있는 내 문제들을 대강 찾아내긴 했는데, 어떻게 고쳐나가야 하나? 아빠는 내가 문제를 깨닫게 된 것만으로도 절반은 이미 극복한 것이나 마찬

가지라고 위로를 하신다. 정말 그랬으면 좋겠다.

아빠가 며칠 동안을 나에게 말씀이 없으시더니 프린트된 종이 뭉치를 들고 오셨다. 인터넷과 책 몇 권을 뒤져 찾은 자료라고 말씀하셔서 뭔가 보았더니, 내가 정리한 네 가지 문제들을 극복하는 방법들이 적혀 있었다. 우리 아빠 정말 대단하시다! 이런 아빠 때문에라도 공부를 안 할 수가 없다는 마음이 생긴다.

히히! 여기에 공부를 방해하는 요소들의 극복 방법에 대해 내가 후딱 적었으면 좋겠지만, 다음 장으로 넘겨야지. 내가 뭘 얼마나 알겠는가? 그저 전문가들의 조언에서 힌트를 얻어 실천해 보니 결과가 괜찮게 나왔을 뿐인데. 공부 전문가가 직접 설명해 주는 것이 훨씬 좋을 테니까 궁금하신 분들은 다음 장을 기대하시라!

어쨌든 그렇게 해서 조금씩 내 잘못된 공부 습관들을 고쳐나가게 되었다. 그러다 보니 하루에 30분만 공부하기로 아빠와 약속했는데, 날이 갈수록 그 시간이 늘어갔다. 물론 조금 지루해지거나 어려운 내용이 나오면 내 단골 오락 사이트로 슬쩍슬쩍 드나들었지만 그것도 점점 줄어들었다. 그리고 조금씩 공부가 재미있어지기 시작했다. 이게 웬일? 내가 생각해도 놀랍다.

나는 학원 체질이 아니야

공부에 흥미가 생겼다고 공부를 잘하는 것은 아닌가 보다. 여전히 수업 시간에나 과목별로 간단한 테스트를 할 때에는 내 실력이 별 것 아니라는 것이 드러나고 만다. 한 마디로 학교에서는 여전히 어리버리한 것이다. 왜 그럴까? 나는 재미있게 공부를 하다 보면 자연스럽게 실력이 쑥쑥 늘어날 줄 알았는데…….

도대체 공부 잘하는 아이들의 비결은 무엇일까? 우리 반 아이들 중에 성적이 좋고 자칭 타칭 똑똑한 아이들을 살펴보았다. 결론은 대부분의 아이들이 학원에 다니고 있다는 것이다. 그렇다면 나도 학원에 다녀야 한다는 말씀. 부모님께 그 사실을 말씀드리고 친구들이 다니는 학원에 등록을 했다.

학원비가 꽤 비싸서 속이 조금 쓰렸다. 그 값이면 우리 집 한 달 반찬값쯤 되지 않을까? 학원비를 건네는 엄마의 손이 떨고 있는 것처럼 느껴졌다. 에이! 내가 지금 그런 걱정 할 때가 아니지. 소심하게 생각하지 말고, 이왕 공부 잘하기로 마음먹은 거 뻔뻔하게 밀고 나가야지.

수업이 끝나기가 무섭게 우르르 학원으로 향했다. 공부 좀 한다고 하는 애들은 다 모인 것 같았다. 더구나 비싼 값을 주고 듣는 것이라 그런지 학교 수업보다 분위기가 캡 진지하고 무거웠다. 처음 며칠은 수업 내용에 정신을 집중하고 듣느라고 에너지 소비가 많아서 그런지 집에 돌아가면 축 늘어진 파김치가 되었다.

그렇게 정신을 모으고 기를 모아 열심히 들어도 수업 내용 중 절반은 이해가 가지 않았다. 친구들에게 학원 강의가 왜 그렇게 어렵냐고 물었더니, 처음이라 적응이 안 되어서 그럴 것이라고 위로해 주었다. 내가 바보인 줄 아나? 학교에서 배우는 내용보다 훨씬 수준이 높다는 것 정도는 알고 있는데, 배부른 사람이 배고픈 사람 심정 모른다더니 지들이 공부 잘한다고 다들 그렇게 척척 이해하고 그러는 줄 아는 것인지……

지금까지 내 머리가 반짝반짝 잘 돌아가는 줄 알았는데, 학원 수업을 통해 완죤히 자존심 다 구겨졌다. 공부 잘하는 애들은 다 밉다! 모두 지구를 떠나라!

며칠이 지나고 나니 긴장이 풀려 그런지 피곤해서 학원에 가면 졸다가 오는 일이 많아졌다. 그리고 강의 내용이 거의 문제 풀이 중심으로 진행되어 교과 내용의 전체적인 그림이 그려지지 않고 단편적인 것만 얻게 되는 것 같았다.

학원 수업을 마치고 오면 스스로 꽤 많은 시간을 공부했다는 생각이 들었다. 그래서인지 학교에 가면 전보다 더 공부를 소홀히 하게 되고, 모르는 것이 있어도 학원에서 다시 알려줄 것이라는 생각이 들었다. 그런데 사실 공부는 학교에서 하고 학원에서는 부족한 것을 보충해야 하는 것이 아닌가?

어려서부터 학원에 다닌 많은 친구들이 스스로 공부하는 습관을 들이지 못해 학원에 의지하게 되고 학원에 가지 않으면 불안해한다고 하던데, 이러다 나도 학원 중독증에 걸리는 것은 아닐까?

으아! 아무래도 나는 학원 체질이 아닌 것 같다.

학원 수업에 적응을 못하고 힘들어하자 아빠가 나를 부르셨다. 학원의 강의 수준이 중상위 학생들에게 맞추어져 있는 것 같으니 싫으면 그만두어도 좋다고 하셨다. 어려운 학원 수업 때문에 공부에 대한 흥미를 다시 잃게 되느니 차라리 나에게 꼭 맞는 학습법을 찾아서 공부하는 것이 좋겠다는 것이다.

그 말씀을 하시는 아빠의 등에 날개가 보이는 것 같았다. 우리 아빠는 나의 수호천사! 만세, 만세, 우리 아빠 만만세!

나는 당장 학원을 그만두었다. 얼마나 속이 후련하던지……. 그동안 내가 바보가 된 것 같아서 얼마나 심란했는지 모른다. 그리고 다시 인터넷 학습 사이트와 재결합했다. 마음이 너무 홀가분하고 반가워서 모니터에 뽀뽀를 해주었다.

그래, 내 나름대로 나에게 맞는 공부 방법을 찾아서 열심히 해야지. 그래서 학원에 다니는 우등생들의 코를 납작하게 눌러줘야지. 영광의 그날을 기대하며, 아뵤~!

우등생만이 가진 공부 기술을 찾아라

효진이의 엉덩이가 점점 무거워지는 것 같아서 흐뭇하다. 얼마 전까지만 해도 책상에 앉기만 하면 들썩들썩 어쩔 줄 모르더니 이제는 진득하게 앉아서 공부에 빠져드는 모습이 제법 공부에 재미를 붙인 것 같아 아빠로서 참 뿌듯하기만 하다.

집에서 하는 공부만으로는 부족하다고 느꼈는지 학원에 보내달라고 하고는 정말 열심히 다녔다. 그런데 보름도 안 돼서 적응을 못하는지 꽤나 힘들어했다. 효진이를 불러놓고 공부하겠다는 결심이 왜 그렇게 쉽게 수그러지느냐고 했더니, 학원 강의가 너무 어려워서 그렇다는 것이다. 수준이 중상위권 아이들에게 맞추어져 있어서 자기가 더 바보가 되어버리는 느낌이 들더라고.

녀석의 얼굴에 근심이 가득한 모습을 보니 마음이 아팠다. 그런 생각이 들면서까지 학원에 다닐 필요가 없을 것 같아서 고민 끝에 그만두라고 했다. 대신 내가 공부 기술 전문가들의 방법들을 찾아서 효진이에게 맞는 공부법을 알려주겠노라고 말했다. 그 말을 듣는 녀석의 얼굴이 얼마나 환해지는지, 마치 내가 노예 해방자라도 된 듯했다.

하나밖에 없는 딸에게 공부 기술을 알려주기로 약속을 했으니 제대로 알려줘야 한다는 생각이 들었다. 그래서 주변의 아는 사람들을 총동원해서 공부 기술 전문가들과 서울대 합격생들의 공부 기술 정보를 입수했다. 위대한 아빠의 땀의 대가가 나오는 날, 나는 스스로 너무나 자랑스럽고 뿌듯했다. 지금까지 살면서 이렇게까지 내 자신이 멋져 보인 적이 없었다.

마치 내가 공부 기술 전문가라도 되는 것처럼 효진이에게 공부 기술과 비법들을 알려주기 시작했다.

물론 효진이의 실력은 눈에 띄게 향상되었다. 1학년 2학기 중간고사 결과 78등으로 껑충 뛰어오르더니 기말고사는 18등까지 치고 올라갔다. 효진이 자신뿐만 아니라 우리 가족들 모두 그 결과에 대해 놀라지 않을 수 없었다.

효진이는 요즘 컴퓨터마니아에서 공부마니아로 변모하고 있다. 늘 방긋방긋 웃으며 공부가 재미있으니 학교 생활도 재미있다고 한다. 그동안 우리 부부와 대화하는 시간도 많아졌다. 이거야말로 일석다조가 아닌가!

이제부터 효진이의 실력을 껑충 뛰어오르게 한 공부 기술을 공개하겠다. 물론, 공부 기술 전문가들에게서 전수받은 일급 노하우들이다.

제 2 장

우등생에게는 그만의 비법이 있다

전문가에게 듣는 중학생 공부 기술

1. 우등생의 공부 기술 따라잡기

온 국민이 열광했던 월드컵에서 우리는 우승하는 팀을 보고 감탄과 함께 박수를 보냈다. 좋은 성적을 거둔 팀들은 다른 팀보다 조금 더 나은 능력을 가지고 있는데 대략 두 가지로 꼽을 수 있다. 선수들 각자의 개인기와 팀의 조직력이다. 이 두 가지를 축구의 기술이라고 할 수 있다. 축구 기술이 좋은 팀이 결국 승리한다고 말하는 데는 이견이 없을 것이다.

공부도 마찬가지이다. 많은 시간을 책상 앞에 앉아 있거나, 좋은 학원에 다닌다고 해도 공부하는 기술이 없다면 승리를 장담할 수 없다.

마치 축구 선수들이 연습 시간을 늘린다고 경기에서 이기리라 장담하지 못하는 것과 같은 이치이다.

그래서 축구 강국 네덜란드의 히딩크 감독을 초빙하여 우리나라 선수들에게 앞선 축구 기술을 배우게 한 것이고, 그 결과 월드컵에서 좋은 성적을 얻는 데 큰 역할을 한 것이다.

그렇다면 우리도 우등생들의 공부 기술을 배우고 자신의 것으로 익혀서 좋은 성적을 얻을 수 있지 않을까?

2. 생활 계획표만 짜도 절반은 우등생

시간 관리는 머리로 하는 것이 아니라 습관이다. 즉 몸에 배어 있어야 한다는 말이다. 공부를 잘하기 위해서뿐만이 아니라 우리 인생을 값지게 보내기 위해서라도 시간을 효율적으로 관리할 수 있어야 한다. 시간을 관리하는 방법으로는 생활 계획표만큼 효과적인 것이 없다. 하지만 대부분의 학생들이 규칙적인 계획표 없이 생각나는 대로 공부하고 시간을 보낸다. 초등학교 때까지 생활 계획표를 만들다가 중학교에 들어서면서 판에 박힌 학교 생활과 하루 일과로 필요성을 못 느끼는 경우가 많다.

그러나 매일 그렇게 되는 대로, 시키는 대로 시간에 쫓겨서 살다 보면 귀중한 시간만 낭비하게 된다. 모든 일에는 능동적으로 뛰어드느냐 아니면 수동적으로 끌려다니느냐에 따라 결과가 엄청난 차이로 벌어진다.

아침에 일어나 자신의 계획표를 보며 하루 일정을 마음에 두고 시작하는 사람은 벌써 절반 이상은 우등생이 되었다고 보아야 한다. 게다가 잠자기 전에 자신의 계획대로 하루가 진행되었는지 확인한다면 자신감도 생겨 공부하는 데 큰 활력이 될 것이다. 이러한 패턴이 지속된다면 눈부신 결과를 만들어 낼 것이다.

그렇다면 생활 계획표는 어떻게 세워야 할까?

첫째, 학기별, 월별, 주별로 따로 계획을 세우는 것이 가장 효율적이다. 정기적인 행사나 학교 수업 등의 고정적으로 정해져 있는 시간을 먼저 기록하고, 잠자는 시간이나 식사 시간 등의 일상 생활에 꼭 필요한 일들을 기록한다. 그리고 자신이 스스로 할 수 있는 공부 시간과 특별한 활동을 기록하고, 여가나 오락 시간도 따로 정해 둔다.

둘째, 자신의 생활 습관과 위치를 진단해야 한다. 집과 학교를 오가는 시간이 오래 걸린다면 그 시간을 계획표에 첨가해 활용할 수 있고, 만일 온 식구가 아침 일찍 일어나는 가정이라면 그에 맞게 계획표를 세워야 한다. 또 자신이 특별히 건강이 좋지 않다면 무리한 계획은 오히려 해가 될 것이다.

　셋째, 생활 계획표는 평일과 휴일로 나누어 두 가지 모두 만들어야 한다. 일요일이라고 해서 무조건 TV나 컴퓨터 앞에 앉아 시간을 낭비해서는 안 된다. 평일에 할 수 없었던 일들을 이 때에 계획하는 것도 아주 좋은 방법이다. 특히 여유를 가지고 책 읽기에 몰입하는 것도 좋다. 여러 방면의 책읽기는 교과서 학습에 꼭 필요한 밑거름이 되기 때문이다. 또한 건강한 몸과 정신을 위해 취미 생활을 하는 것도 휴일 계획표에 넣을 수 있는 목록이다.

　생활 계획을 세웠으면 그날그날 계획이 잘 지켜져야 한다. 그래야만 자기 자신에 대한 신뢰가 쌓이고 매사에 자신감을 갖게 된다. 계획표대로 실천을 하다 보면 자신이 무리하게 계획을 세운 경우도 있을 것이다. 그럴 때는 과감하게 계획을 수정할 필요가 있다.

3. 방학은 상위권으로
도약할 수 있는 절호의 기회

중학생들에게 방학은 스스로 공부할 수 있는 능력을 키울 수 있는 아주 좋은 기회이다. 고등학교에 올라가서 방학 때 공부를 한다고 해도 중학교 방학 때 공부한 것만큼의 효율은 내지 못하기 때문이다. 특히 중위권에겐 방학이 상위권으로 도약할 수 있는 절호의 기회이다. 방학을 잘 보내기 위한 준비는 두 가지만 하면 된다. 자신이 지킬 수 있는 계획표를 세우는 것과 무슨 일이 있어도 계획표대로 방학을 보내겠다는 굳은 결심이 그것이다. 방학을 대비해서 계획표를 짤 때는 너무 욕심내지 않는 것이 좋다. 하루도 지키지 못할 가능성이 크기 때문이다. 하루의 공부량을 정할 때는 자기가 지킬 수 있다고 생각하는 기준보다 70~80% 정도로 낮춰서 목표를 세우고 철저히 지켜야 한다.

그리고 몸이 안 좋은 곳이 있다면 방학 때 치료를 받아 두어 학기 중의 공부에 영향을 주지 않도록 한다.

|1| 봄 방학

짧은 봄 방학은 어영부영하다가 의미 없이 보내는 일이 많다. 하지만 이런 여유 있는 시간을 그대로 놓칠 수는 없다. 그냥 흘러버리기 쉬운 시간을 놓치지 않는 것이 우등생의 비결이다. 단 봄 방학 기간은 짧으므로 쉬지 않고 공부할 계획을 세우는 것보다는 다가오는 신학기에 어떻게 공부할 것인지 계획을 세우며 다음 학기를 준비하는 것이 좋다. 가볍게 신학기의 책들을 미리 한번 읽어보는 것도 좋을 것이다. 이 때 그냥 가볍게 읽어본다는 기분으로 신학기 교과서를 읽되 진지하게 앞으로의 공부 계획을 세우는 시간을 가지도록 한다.

|2| 여름 방학

여름 방학은 덥다고 지쳐 있기 쉽지만 이 때야말로 1학기 때와 비교해서 2학기 때 달라진 모습을 보여줄 수 있는 절호의 기회다.

여름 방학 때는 하루하루 공부할 양을 정해 놓고 하는 것이 좋은데 아침 먹고 공부, 점심 먹고 공부, 저녁 먹고 공부하는 식의 지킬 수 없는 계획은 짜지 않는 것이 좋다. 공부 시간 대신 그날의 공부 양을 정해 놓는다. 예를 들어 하루에 수학 20문제 풀기, 영어 문제집 10장 풀기 등으로 정해 놓으면 시간 낭비를 줄일 수 있다. 그리고 공부 시간은 비교적 선선한 오전 시간과 저녁 시간으로 정하도록 한다. 더운 한낮에는 능률이 오르지 않기 때문에 자기가 좋아하는 일을 하거나 가벼운 낮잠으로 휴식을 취하도록 한다.

무엇보다 여름 방학 때 중점을 두어 공부해야 할 것은 1학기에 미처 따라잡지 못했던 국, 영, 수 과목을 보충하는 일이다. 국어 과목은 1학기 때 교과서를 펴들고 중심 내용과 주제를 한번 파악해 보도록 하고, 영어 과목은 1학기 때 배운 문법을 확실히 복습하도록 한다. 특히, 수학 과목은 교과서 문제부터 완벽하게 풀고 얇은 문제집 한 권을 정해 1학기의 내용을 정리해야 한다.

그렇다고 방학 내내 공부만 한다면 질릴 수 있으므로 노는 기간을 정확히 정해 놓는 것이 좋다. 그 기간만큼은 공부를 생각하지 말고 푹 쉬는 것이 좋다. 적어도 일주일간은 공부 생각하지 말고 자기가 하고 싶었던 것을 하며 푹 쉬도록 한다. 하지만 공부도 안 하고 있다가 일단 쉬고 시작하자라는 생각은 절대로 금물이다.

|3| 겨울 방학

중학교 때의 겨울 방학은 정말 중요하다. 겨울 방학 때 한 노력은 새 학년에 모두가 깜짝 놀랄 성적 향상의 결과로 이어진다. 게다가 야외 활동을 적게 할 수밖에 없는 겨울 방학은 공부에 푹 빠지기에 최적의 조건을 갖추고 있다.

겨울 방학 때는 지난 학년의 공부를 정리하는 복습에 중점을 두어야 한다. 교과 공부는 연결되어 있기 때문에 복습만 철저히 해놓아도 새 학년 때 달라진 실력을 느낄 수 있다.

겨울 방학 때는 지난 학년 중에 못다 푼 문제집들을 다 풀기를 목표로 삼는다. 이 때 방학용 문제집을 새로 살 필요는 없다. 풀 문제집이 없을 때에만 새 문제집을 사서 무슨 일이 있어도 다 풀 수 있도록 계획을 세운다. 겨울 방학 때 적어도 문제집 한 권은 끝내야 성취감을 느끼고 공부에 가속을 붙일 수 있다.

과목별로 문제집을 한 권 끝내기를 목표로 삼는다. 특히 영어 공부에 절대적인 비중을 두고 계획표를 세운다. 겨울 방학처럼 시간이 많을 때 영어로 된 쉬운 만화 영화 비디오를 보면서 대본을 다 외워본 다거나 하는 방법도 좋다. 중학교 겨울 방학 때 영어의 기초를 확실히 잡아 놓아야 고등학교에 올라가서 다른 공부할 시간을 절약할 수 있다. 공부할 때는 별 성과도 없고, 제자리걸음인 것 같겠지만 방학 때 쌓아놓은 실력은 새 학년이 되어 수업을 들을 때 스스로 실감할 수 있다. 그러나 이 모든 것은 방학 계획표를 잘 실천했을 때의 얘기다.

중학교 때의 하루는 고등학교 때의 열흘과 같다는 마음가짐으로 공부해야 한다. 고등학교 때는 보충 수업이 있어서 방학 때도 중학교 때만큼 자유롭지 않다. 중학교 때의 자유로운 방학을 스스로 계획해서 어떻게 공부하며 보냈느냐에 따라 미래가 달라질 것이다.

4. 쉬는 시간 10분을 놓치지 마라

우리는 늘 시간이 없다는 말을 달고 산다. 아침에는 학교 가느라고 바쁘고, 낮에는 학교에서 수업을 듣고, 저녁에는 학원을 가고, 집에 돌아와서 쉬다 보면 잠잘 시간이 되는데 언제 시간이 나서 공부를 하느냐고 불만을 털어놓고 싶어질 것이다. 하지만 시간이 늘 없는 것은 아니다. 우리의 삶은 우리가 맘대로 활용할 수 있는 자투리 시간들로 가득하다.

친구를 만나기로 하고 기다리는 시간, 학교 수업이 시작되기 전에 멍하니 있는 시간, 버스 정류장에서나 지하철 안에서 가만히 있는 시간, 병원에서 자기 차례를 기다리는 시간, 문구점에 가기 위해 집에서 걸어가는 시간 등등 수없이 많은 시간들이 자신도 모르는 사이에 허비되고 있다.

이렇게 버려지는 조각 시간들을 잘 활용하면 엄청난 변화를 얻을 수 있다. 어떻게 하면 그 시간들을 가치 있게 사용할 수 있을까?

첫 번째, 항상 기다리는 시간에 대비해야 한다.

한국 사람들은 약속 시간을 정확히 지키지 않기로 유명하다. 그래서 '코리안 타임' 이라는 불명예스런 말까지 생겨나지 않았는가.

인생은 기다림의 연속이라는 말도 있지만, 다른 사람을 기다리게 하는 것은 시간 도둑질이나 마찬가지이다.

자신의 시간을 도둑질 당하고 싶지 않다면 미리 대비를 해야 한다. 이럴 때는 포켓용 영어 단어장이 아주 유용하다. 기다리는 동안 단어장으로 공부를 하고 있다면, 기다리는 사람이 30분이나 늦게 오는 일이 있더라도 오히려 고마운 일일 수 있다. 그 동안 많은 영어 단어를 암기해 두었으니까! 친구에게 너그러운 사람으로 보이고, 영어 단어도 외우고 이보다 좋은 일석이조는 없을 것이다.

또 이런 남는 시간에 안 풀렸던 수학 문제를 머릿속으로 풀어보는 습관을 들여 보라. 의외로 쉽게 풀리는 경험을 하게 될 것이다.

두 번째, 수업이 시작되기 전에 대략 10분 정도의 쉬는 시간을 활용하는 방법이다. 물론 그 시간에 친구들과 대화도 하고, 화장실도 가야 한다. 하지만 대부분 쉬는 시간에 멍하니 칠판을 보거나, 선생님이 들어오실 교실 문을 바라보고 있을 때가 더 많다.

그런데 이 짧은 시간에 수업할 내용을 미리 둘러본다면 그렇지 않을 경우와 큰 차이가 있다. 미리 예습을 하면 수업에 더 귀를 기울이게 되고 그래서 학습 내용도 더 쉽게 이해할 수 있다. 따라서 머릿속에 오랫동안 기억된다.

성공하는 사람들은 성공하는 습관이 몸에 밴 사람들이다. 조각 시간들을 잘 활용하는 것은 우등생이 되는 데 꼭 필요한 습관이다.

5. 독서에도 기술이 필요하다

여러 방면의 독서는 교과서 학습에 밑거름이 된다. 우리가 학교에서 공부하는 교과서도 역시 책이다. 책은 문자로 이루어져 있는데, 이러한 문자의 해독력이 결국에는 공부 잘하는 것과 일치한다고 해도 과언이 아니다.

그런데 문자를 해독하는 일은 우리 뇌의 배경 지식과 연관되어 이루어지는 작업이다. 어린아이가 아무리 머리가 좋다고 해도 대학의 전문 서적을 이해할 수는 없는 일이다. 그 이유가 바로 배경 지식에 있다. 전기 공학을 공부한 사람보다 생물학을 공부한 사람이 의학을 공부하기에 훨씬 수월한 것과 마찬가지이다.

따라서 배경 지식이 많을수록 공부를 잘하게 되는 것은 당연한 이치이다. 어떤 조사에 따르면 우등생들의 대부분이 한 달에 2~3권 정도의 꾸준한 독서를 하고 있는 것으로 밝혀졌다.

그렇다면 어떤 책을 읽어야 할까?

가능하면 여러 방면의 책을 읽는 것이 좋지만, 특히 논리적이고 과학적인 사고를 요구하는 책을 찾아서 읽어야 한다. 교과서를 공부하는 데 직접적인 도움이 되기 때문이다. 흥미 위주의 책들은 읽기는 쉽지만 깊은 사고와 분석력을 기르기에는 부적합하다.

단어들의 난이도가 떨어지는 종류의 책들 역시 그다지 도움이 되지 않는다. 상위학년으로 올라갈수록, 그리고 고등학교에 들어가 수능을 준비하면서 생소한 단어나 문장들이 많이 나타나기 때문이다.

그런데 너무 딱딱한 책들만 읽으면 독서에 흥미를 떨어뜨릴 수 있으므로 가끔은 따뜻하고 아름다운 책들을 읽어 정신적인 안정과 해방감을 갖도록 해야 한다.

현대 사회는 눈에 보이는 것만을 가치 있는 것으로 믿도록 만드는 풍조가 팽배해 있다. 하지만 눈에 보이지 않는 것들 중에 사람을 행복하게 만드는 것이 많다는 것을 알아야 한다. 치열한 경쟁 사회 속에서도 사람 냄새가 나는 사람으로 성장할 수 있어야 한다.

처음에는 책을 읽는다는 것이 상당히 인내심을 요구하는 일로 느껴진다. 때문에 독서에 흥미를 붙이려면 독서 기술을 익히는 것이 중요하다.

첫 번째, 적극적이고 능동적으로 책을 읽도록 한다. 먼저 제목과 목차를 보고 스스로 책의 내용을 짐작해 보는 것이 필요하다. 그리고 그 제목과 목차에 따라 문제들을 만들어 보아야 한다. 이렇게 책을 읽는 가운데 그 문제들의 해결책을 찾아가는 독서법은 책을 읽고 나서도 오래도록 그 책의 내용을 기억하게 한다.

또한 목차별로 그 제목에 관련된 핵심 내용을 간략하게 정리해 봄으로써 중요한 부분이 어디인가를 파악하는 것이 좋다. 내용 전체를 정리할 때는 한 단어로, 한 줄로, 한 단락으로, 한 페이지 분량으로 등과 같이 요약하여 정리해 보면 확실하게 각인된다.

두 번째, 책을 읽다가 여백에 메모를 하는 습관을 들여야 한다. 예전에 다른 책에서 읽었다거나, 내가 알고 있는 내용과 연관된 부분이라면 밑줄을 긋고 여백에 간단히 메모를 해두는 것도 좋은 책읽기 방법 중의 하나이다.

책을 읽으면서 중간중간 읽고 있는 내용을 제대로 이해하고 있는지 점검해 보는 것과 다 읽고 나서 내용을 자기의 말로 요약해 표현해 보는 것이 필요하다.

세 번째, 책의 내용에 관해 친구들과 토론해 보자. 모든 개인의 사고는 경험에 한정되어 있다. 그렇기 때문에 여러 사람의 생각을 나누면서 자기가 미처 발견하지 못했거나 생각하지 못했던 부분을 다른 사람을 통해 들을 수 있다. 다양한 의견을 나누면서 이해의 폭을 넓히고 자신의 생각을 다듬어갈 수 있다.

6. 공부에 대한
자신감을 가지고 집중하라

예전에 동양에서 창과 칼을 가지고 전투를 벌일 때는 본격적인 싸움을 하기 전 각 진영의 장수가 서로 결투를 하는 경우가 종종 있었다. 한 쪽이 수적으로 불리할 때 자신의 군대에 불안감을 없애고 자신감을 주기 위해 일 대 일로 상대편 장수에게 싸움을 건다.

양측 군대가 보는 앞에서 목숨을 건 결투가 벌어진다. 그러다 한 쪽 장수가 쓰러지면 그 군대 전체의 기세가 꺾인다. 그러나 수적으로 불리했던 군대일지라도 장수가 이기면 승리에 대한 자신감으로 돌격하게 된다.

자신감은 그 순간에 최대한의 집중력을 발휘하게 만든다. 이렇게 자신감을 잃은 적군을 상대로 큰 승리를 거두는 경우가 많았다.

공부도 그 시간에 최대한의 집중력을 필요로 한다. 집중력은 역시 자신이 좋은 성과를 얻을 수 있다는 자신감에서 나온다.

자신감은 뇌의 호르몬 변화를 일으킨다. 자신감은 긍정적인 마음가짐을 가지게 하고, 곧이어 뇌에서 호르몬 분비를 유발한다. 이 호르몬이 전두엽에 이르게 되는데, 전두엽은 고등동물일수록 더욱 넓게 발달해 있다. 이 전두엽에 호르몬이 자극을 주어 우리의 두뇌 활동과 집중력을 높여주는 역할을 하게 되는 것이다.

경마장에 가보면 말들이 모두 옆으로 눈가리개를 하고 있는 것을 볼 수 있다. 말이 달릴 때 시야를 다른 곳으로 돌려 집중력을 잃지 않고, 오직 목표를 향해 질주할 수 있도록 하기 위해서이다.

그렇다면, 공부에 집중하기 위해서는 어떻게 해야 할까?

공부하기 전에는 우선 책상을 말끔히 정리하는 것이 필요하다. 마음먹고 공부를 하려고 책상 앞에 앉았는데, 책상 위에 이것저것 올려져 있고, 물건들이 흩어져 있다면 우리의 시선을 자꾸 그것들에 빼앗기게 된다.

사람 눈의 역할은 외부 세계에 대한 가장 중요한 창 역할을 한다.

다시 말해서 눈은 우리의 관심과 의지를 따라가게 만드는 감각 기관이다. 그러므로 우리 눈이 공부에 대한 집중력을 잃지 않게 하는 사전 작업들이 필요하다. 그것이 곧 책상을 비롯한 주변 정리이다.

또한, TV나 음악을 듣고 공부하는 것도 집중력을 잃게 하는 주요 원인이 된다. 우리 뇌 가운데 무수한 정보를 삽시간에 처리하고 조정하는 역할을 하는 것은 뇌의 표면을 둘러싸고 있는 대뇌피질이다. 대뇌피질은 약 140억 개의 신경세포로 이루어져 있는데, 이 신경세포를 뉴런이라고 한다. 뉴런은 수많은 돌기를 가지고 있는 나뭇가지처럼 생겼는데, 이런 모양이 무수히 많이 연결되어 있어 다양한 생각들과 정보를 순식간에 처리하고 전달할 수 있는 것이다.

그러므로 눈이 책에 고정되어 있다고 해도 주변에 소음이 있다면 그 소리들이 우리 뇌 속에 들어와 함께 작용을 하게 되는 것이다.

집중력은 한 가지에만 온 정신과 신경을 쓰는 것이다. 강한 집중력은 자기 스스로의 적극적인 노력에 의해 좌우된다. 따라서 집중력을 키우기 위해 자신의 집중력을 방해하는 요소들을 정리해서 제거해 나가는 노력이 필요하다. 예를 들어 TV 또는 가족 관계, 컴퓨터, 공부방 위치, 친구, 자신의 성격이나 관심 분야 등등 자신이 공부하는 데 필요한 집중력을 방해하는 요인이 무엇인가 찾아내고 이를 해결해 나가는 노력을 해야 한다.

집중을 하지 않고 공부하는 것은 공부가 아니라 시간만 낭비하는 것이다. 긴 시간 공부하는 것보다 짧은 시간이라도 집중력을 갖고 공부하는 것이 효과적이다. 따라서 학습 계획표를 작성할 때 시간보다는 내용 중심으로 계획표를 작성하는 것이 짧은 시간에 집중력을 갖고 공부하게 해주므로 보다 효과적이다.

|1| 책상 위 정리

책상 위를 정리하는 것은 자기 머릿속을 정리하는 것과 마찬가지다. 책상 위에는 공부하는 데 최소한으로 필요한 것만을 놓고, 정신을 집중하는 데 방해되는 모든 것을 치운다. 그리고 공부에 필요한 것을 사용했으면 그때그때 치워가면서 공부한다. 책상 앞의 벽도 잡다한 것이 붙어 있다면 정리하여 정신 집중을 방해하지 말아야 한다.

|2| 공부방의 조명

방안 전체 조명은 약간 어둡게 하고, 책상 위를 밝게 하는 이중 조명이 좋다. 자기 취향에 맞는 조명을 찾아내어 공부하는 것도 좋다.

|3| 각종 소음 차단

공부할 때는 방문을 닫고 자신이 공부중임을 알린다. 텔레비전이나 라디오 등의 음악을 듣지 않는다. 가족들이 텔레비전을 시청하는 시간대에는 집중력을 덜 요구하는 숙제나 교과를 공부한다. 주변의 소음이 들리면 마음을 안정시켜주는 고전 음악을 켜 놓고 공부한다.

7. 우등생에게는 남다른 기억법이 있다

공부에도 기술이 필요하다. 특히 암기는 무조건 외운다고 되는 일이 아니다. 자기 나름의 잘 외워지는 비법을 가지고 있어야 한다. 우등생이 이용하는 효과적인 만점 기억법을 알아두어야 한다.

첫째, 자신에게 질문한다.

가장 효과적인 암기법은 자기가 문제를 만들어 질문하는 것이다. 공부를 하면서 기억력에 자신이 없을 때 예상 문제를 만들어 보자. 열심히 공부를 하고 나서도 자신의 기억력을 믿지 못하여 불안할 때가 있다. 공부하고 나서도 뭘 공부했는지 머릿속에 하나도 남아 있지 않다는 느낌이 들 때도 많을 것이다. 이럴 때 자신이 직접 공부한 내용을 더듬어가며 예상 문제를 만들어 보자. 문제를 만들고 스스로 답하며 공부한 내용을 정리하는 것이다.

나아가 수업 시간에 선생님께서 좀더 강조하신 내용들과 자신이 공부한 내용을 정리해서 시험에 출제될 예상 문제들도 끌어낼 수가 있을 것이다. 이런 문제들을 과목별로 뽑아서 요약 노트도 만들 수 있다. 이 방법은 무턱대고 암기만 반복하는 것보다 월등히 효과적인 방법이다.

동생이나 친구든 어떤 대상을 앞에 두고 자신이 암기해야 할 내용을 퀴즈를 내어 질문을 하면 더욱 암기 효과를 높일 수 있다. 상대가 아리송해하거나 전혀 모를 때는 힌트를 주어가며 정답을 기다린다. 그러면 굳이 외우려 노력하지 않아도 저절로 암기가 되는 신기한 체험을 하게 된다. 다른 사람한테 한 번 가르쳐준 내용은 혼자서 다섯 번 반복하여 학습한 효과가 있기 때문이다. 그런 의미에서 방송 퀴즈 프로그램 담당 사회자들은 아마도 원하든 원치 않든 엄청난 상식을 머릿속에 저장하게 될 것이다.

둘째, 수업 시간에 최대한 기억한다.

수업 시간에 이루어지는 내용을 최대한 기억하도록 노력하는 것이 가장 좋은 방법이라고 할 수 있다. 수업 시간에 선생님께 직접 질문한 내용은 노인이 되어서도 기억하는 경우가 있다. 이런 경우를 위해서는 먼저 갖추어야 할 자세가 있다.

먼저, 수업에 적극 참여하여야 한다. 수업 시간에 선생님과 자주 눈을 마주치고, 선생님께서 설명하실 때 고개를 끄떡이며 받아들이는 표정을 보이는 것이 중요하다. 그러면 선생님도 그 학생의 이해 반응에 맞추어 수업을 진행하게 되므로 학습에 대한 학생의 성취도가 높아지게 된다. 따라서 그 수업 내용에 대한 기억 효과도 뛰어나게 된다.

셋째, 암기의 기본은 반복이다.

자동차 운전을 처음 배우는 두 사람이 있다. 한 사람은 하루에 많은 시간을 할애해서 운전 연습을 했고, 다른 한 사람은 매일 짧은 시간을 반복해서 운전 연습을 했다. 그리고 둘의 운전 연습 시간의 총합은 같다.

하지만 이들의 운전 실력은 매일 조금씩 반복적으로 연습한 사람이 월등히 앞선 것으로 나타났다. 일정한 간격을 두고 반복적으로 암기하는 경우가 한꺼번에 집중적으로 암기하는 것보다 망각의 늪에서 쉽고 빠르게 탈출할 수 있는 것이다.

넷째, 암기할 내용을 직접 녹음한다.

시험에 출제가 예상되는 내용을 요약한 다음 잘 모르는 내용을 중심으로 자신의 목소리로 녹음을 한다. 특히, 중요한 부분이나 반드시

암기해야 할 내용은 그 부분만 몇 번이고 반복하여 녹음한다. 반복적으로 들으면 기억에 많은 도움이 된다.

다섯째, 그림으로 표현한다.

암기해야 할 용어나 문장을 그림이나 만화로 표현하면 기억에 도움이 된다. 그림을 그릴 때는 내용을 간략하게 표현하여야 암기에 효과가 있다. 많은 내용을 복잡한 그림으로 그리면 기억이 겹치고 헷갈리게 된다. 그림으로 표현한 내용을 책이나 노트의 여백에 사용하면 암기 효과를 높일 수 있다.

여섯째, 첫 글자만 따서 외운다.

순서나 차례 등을 암기할 때에는 첫 글자만 따서 외우는 방법이 좋다. 첫 글자를 모아 자기만의 의미를 가진 단어나 문장으로 만들면 더 오래 기억할 수 있다. 앞 글자만으로는 분명하게 구별되지 않을 때에는 두 번째 글자를 이용한다든지 나름대로 융통성을 발휘한다.

일곱째, 노래 가사로 만들어 불러본다.

암기해야 할 학습 내용을 자신이 좋아하는 동요나 유행가의 곡에 가사로 붙여서 노래를 부르면서 암기한다.

8. 아침밥에 성적 향상 비법이 숨어 있다

뇌는 심장과 마찬가지로 우리가 자고 있는 시간에도 쉬지 않고 일을 하는 기관이다. 그렇기 때문에 뇌가 잠을 잔다는 것은 곧 죽음을 의미한다.

뇌는 혈액이 운반해 준 포도당으로 살아간다. 심장에서 온몸에 보내지는 혈액의 약 20%를 뇌가 차지한다고 하니까 그 만큼 포도당의 양도 많이 필요하다는 말이다. 포도당은 주로 밥과 빵에서 나온다.

뇌는 수면 중에도 상당한 에너지를 소비하는데, 우리가 꿈을 꾸며 잠을 자는 동안에도 우리의 뇌는 꾸준한 활동을 하고 있기 때문이다.

따라서 뇌는 많은 에너지를 소비하고 그 만큼 많은 포도당을 필요로 한다.

뇌에서 필요로 하는 포도당은 12시간 정도 지나면 바닥이 난다. 그렇기 때문에 아침에 우리의 뇌에 포도당이 가장 필요한 때이다.

따라서 아침을 먹어야만 뇌에 에너지가 공급이 된다. 그런데 아침을 먹지 않고 학교에 가서 공부를 하면 에너지가 빈약하여 뇌가 마음껏 활동을 할 수 없게 된다.

어느 대학에서 기숙사 생활을 하는 학생들을 대상으로 실험을 했다. 아침밥을 먹는 학생들과 먹지 않는 학생들의 성적을 비교해 보는 것이었다. 결과는 당연히 아침밥을 꼭꼭 챙겨 먹는 학생들이 뛰어난 것으로 나타났다.

우리의 뇌 속에는 정밀한 생체 시계가 있다. 우리가 잠자기 전에 내일 몇 시에 일어나야 한다고 마음먹고 자면, 신기하게도 자명종 시계의 도움 없이도 잠이 깨는 경우가 있다. 지하철에서 졸고 있다가도 자신이 내릴 역에 이르면 눈이 떠지는 것도 마찬가지로 우리 뇌 속에 신비한 생체 시계가 있기 때문이다.

그런데 아침밥을 먹지 않으면 우리 뇌의 생체 시계가 바깥세상의 명암에 제대로 대응하지 못한다. 결국 아침밥을 먹지 않으면 여전히 잠을 자는 것으로 인식해서 공부를 제대로 할 수가 없다는 것이다.

건강뿐 아니라 공부도 챙기기 위해서는 아침밥을 꼭 먹는 노력이 필요하다.

9. 성적에 대한 스트레스는
성적을 하락시킨다

청소년들은 너무 많은 숙제, 앞으로 닥칠 시험, 선생님과 부모님의 잔소리, 친구 관계 등에서 갈등을 느끼며 스트레스를 겪곤 한다. 이러한 스트레스는 잘 대처하지 못하면 병이 되지만 잘 대처하면 오히려 약이 될 수도 있다.

이 시기에는 정신적으로 많이 예민해져 있는 시기이다. 하지만 우리나라 학교 현실은 이러한 시기에 많은 부담을 안겨주고 있고, 고등학생이 아니더라도 대부분의 중학생들은 성적에 대한 스트레스를 받고 있는 것으로 조사되었다.

성적에 대해 너무 스트레스를 받으면 공부하는 것에 오히려 악영향을 미칠 수 있다. 이러한 스트레스는 가정과 학교에서 비롯된다. 그렇기 때문에 가정과 학교에서 가급적 대화를 많이 해야 한다. 마음을 열어놓고 대화할 수 있는 부모님이나 친구, 선생님의 존재는 스트레스를 해결하는 가장 좋은 방법이다.

이렇게 가정과 학교에서 대화할 수 있는 사람들을 만들기 위해서는 먼저 열린 마음으로 다가서도록 노력해야 한다. 부모님의 잔소리가 심하다고 해서 부모님과의 대화를 단절하고, 컴퓨터 게임이나 오락, 채팅 등에 고개를 돌린다면 갈등과 스트레스는 더욱 심화될 것이다.

그리고 자기 스스로 과도한 스트레스를 받지 않으려는 노력이 중요하다. 다른 사람들과의 관계를 통해서 스트레스를 해소하기보다 먼저 해야 할 것은 자기 자신을 긍정적으로 보는 것이다. 이 습관은 스트레스를 해소하고 성적을 올리는 것뿐만 아니라 자신의 인생을 좌우하는 가장 중요한 가치가 된다. 청소년기에는 대부분 자신의 외모나 존재 가치에 대해 긍정적인 시각보다는 부정적인 시각으로 바라보게 된다.

자신을 스스로 좋게 바라보는 사람은 스트레스에 대한 강한 면역력을 갖추게 되고 주위 친구들의 스트레스까지 해소해 주는 청량제 역할을 하게 된다. 자신을 좋게 보는 긍정적 자아상을 갖기 위해서는 자기 일에 최선을 다하고, 작은 일이라도 가족들과 주변 사람들을 위해 도움을 주거나 선행을 베푸는 것이 효과적이다. 그리고 그런 자신에게 스스로 칭찬을 하거나 상을 주는 습관을 들여야 한다.

반면에 거짓말을 자주 하거나 양심에 가책이 되는 행위를 자주 하게 되면 스스로를 긍정적으로 볼 수가 없을 것이다.

스트레스는 다스려야 할 대상이긴 하지만 스트레스가 아예 없다면 공부에 대한 긴장감도 사라질 것이다. 스트레스가 느껴질 때 너무 짜증내지만 말고 스트레스를 정신 차리게 도와주는 친구라고 생각해 보자. 마음에 여유가 생길 것이다.

올바른 스트레스 대처 방법

· 매사를 긍정적으로 생각하라.

· 주어진 것에 감사하는 마음을 가져라.

· 적어도 하루에 한 번은 기분 좋게 웃어라.

· 울고 싶을 때는 실컷 울어라.

· 힘들 때는 주위 사람들과 대화를 나누도록 하라.

· 화를 잘 다스려라

· 몸에 무리가 가지 않는 운동을 규칙적으로 하라.

· 충분한 영양과 휴식을 취하라.

· 스트레스가 심할 경우에는 전문가에게 상담을 하라.

10. 자신의 학습 태도를 체크하라

손자병법에 '적을 알고 나를 알면 백전백승'이라고 했고, 소크라테스도 '너 자신을 알라!' 라는 명언을 남겼다. 이렇게 동서양의 현자들이 하나같이 입을 모아 주장하는 것이 '자신을 잘 알라' 는 것이다.

아무리 뛰어난 공부 기술을 습득하려고 해도 자기에게 맞는 방법과 기술을 갖지 못하면 소용이 없다. 공부 기술을 자신의 것으로 만들려면 먼저 자신의 공부 습관이나 태도, 공부에 대한 시각을 정확하게 체크하고 자기에게 맞도록 실행해야 한다.

- 현재 생활 계획표가 있어서 매일 계획표를 확인하며 생활하고 있는가?
- 계획된 공부나 숙제를 미루지 않고 제때에 하고 있는가?
- 친구를 기다리거나 수업을 쉬는 시간 등과 같은 자투리 시간에 대한 활용이 있는가?
- 다방면의 독서를 하고 있는가?
- 예습과 복습을 지속적으로 하고 있는가?
- 수업 시간에 집중하여 듣고, 적극적으로 참여하는가?
- 질문하기 등의 효과적인 암기 방법을 사용하고 있는가?
- 컴퓨터와 TV를 절제할 수 있는가?
- 시험을 위해서가 아니라 공부를 위한 시험 공부를 하고 있는가?
- 공부한 내용을 최대한 활용하고 시험을 잘 치르는 법을 알고 있는가?

이와 같은 질문에 답하면서 자신의 공부하는 태도를 평가해 보아야 한다. 그리고 만약 자신이 많은 질문에서 부정적인 대답을 할 수밖에 없다면, 이 책에서 제안하는 공부 기술을 살펴 자신에게 꼭 맞는 것으로 만들어야 한다.

11. 자신의 학습 행동 유형을 파악하라

학업과 관련된 자신의 정서 및 행동 특성을 알아보고, 자신이 어느 유형에 해당하는지 살펴보는 것도 자기에게 맞는 공부 기술을 갖추는 데 꼭 필요한 요소이다.

|1| 반항형

매우 독립적이며 자신의 생각이 분명하여 학교 규칙이나 규율에 구속되는 것을 싫어한다. 부모나 교사와 갈등이 있을 수 있다. 현재 학교 공부에 흥미가 없고 공부가 미래 자신의 생활에 도움이 되지 않는다고 생각한다.

|2| 완벽형

학습에 대한 열의나 기대치가 높다. 지나친 경쟁의식을 가지고 있으며 자신의 능력 이상의 높은 기대를 가지고 있기 때문에 실패가 예상되며 시도도 해보기 전에 포기하거나, 시험에 대한 불안이 높을 수 있다.

|3| 고군분투형

학업에 대한 열의와 동기가 강하여 열심히 노력한다. 그러나 성적은 별로 향상되지 않는다.

|4| 잡념형

친구, 가정, 경제적인 이유 등으로 학습에 제대로 전념하지 못하고, 여러 가지 생각으로 안절부절못하는 경향이 있다.

|5| 만족형

심리적으로 안정되어 있고, 주관이 뚜렷하고 여러 가지 학습 활동에 전념하고 있으나, 현재의 학업 성적에 만족하고 있어서 목표 의식이 약하고, 보다 나은 성적을 위한 노력을 덜 한다.

|6| 외골수형

특정 과목에만 관심을 두고 노력하고, 주관적으로 절대 가치가 없다고 생각하는 과목에는 신경을 쓰지 않는다.

|7| 행동형

활동하기를 좋아하며 직접 체험 학습을 선호한다. 경쟁, 모험, 시도를 통해 성장한다. 미래를 위해 '준비'한다는 생각보다는 현재를 즐기고 변화와 자극적인 일을 선호한다.

|8| 규범형

항상 성실하고 책임감이 강하며 교사나 부모의 기대에 따라 충실한 학습 태도를 보인다. 좋은 공부 습관을 가지고 있으며, 정해진 계획에 따라 학습하기를 선호한다.

|9| 탐구형

지식 습득에 대한 갈망이 강하고, 모든 것에 대해 알고자 하여 무엇이든 간에 이해하고 설명할 수 있어야 한다. 반면에 사교적인 기술이 부족하여 또래 관계에서 어려움을 겪는 경우가 많다.

|10| 이상형

자신에 대한 이해를 끊임없이 갈망하고, 감정이입을 잘하며, 표현이 풍부하다. 자기를 알아주고 이해해 주며, 인정해 줄 때 가장 큰 기쁨을 느낀다.

12. 자신의 성격 유형에 맞는
공부 방법을 찾아라

성격이 다르면, 공부하는 방법도 다르
다. 자신의 성격을 잘 파악하여 효과를 극대화할 수 있는 효율적인
공부 방법을 찾아야 한다.

|1| 활발하고 적극적인 외향적 성격

다른 아이들과 함께 그룹 학습 하는 것을 선호하고 자기 의견을 발
표할 기회를 통해 많이 배운다. 직접 해보는 것을 좋아하고, 실험과
실패가 허용되는 분위기에서 학습 효과가 배가된다.

|2| 조용하고 침착하며 몇몇 친구들과 아주 친한 내향적 성격

혼자 충분히 생각하고 이해하는 시간이 허용되는 분위기에서 공부하는 것이 좋다. 그룹 학습을 할 때나 발표하기 전에 설명을 듣고 질문을 주고받는 과정이 있을 때 더 잘 배운다.

|3| 자기주장이 강하고 규칙을 중요시하고 논리적인 것을 좋아하는 성격

자료를 수집하고 조직하며 평가하는 기회가 주어질 때 학습 효과가 더 크다. 학교에서 수행되는 과제들이 교사에 의해 공정하게 평가되고 인정되는 것을 보고 싶어한다. 학습 진도가 신속하게 나갈 때 자극을 받아 더 열심히 한다. 원인과 결과를 밝히는 설명 양식을 잘 이해한다.

|4| 다른 사람의 관심과 칭찬에 민감한 감정적인 성격

칭찬과 인정이 따를 때 더 잘 배운다. 자기에게 던지는 교사나 부모의 한마디 말이 학습 동기에 중요한 비중을 차지한다. 교사와 학생, 그리고 학부모와 학생의 관계가 좋은 화목한 분위기에서 더 잘 배운다. 경쟁적인 분위기에서는 쉽게 좌절한다.

|5| 사람들의 외모나 주위환경의 세부적인 특징을 중요시하는 감각적인 성격

비디오나 오디오 등을 이용한 학습이 효과적이다. 세부적인 내용을 거듭 반복해서 암기하는 형태의 공부를 잘한다. 단계적인 설명과 개념이 어떻게 실제로 적용되는가 하는 것을 보기로 들어 줄 때 이해가 빨라진다. 예습보다는 복습에 치중하는 것이 좋다.

|6| 상상력이 풍부하고 새로운 것을 좋아하는 직관적인 성격

상상을 불러일으키고 자극시키는 공부 방법이 효과적이다. 단계적으로 짜여진 학습 양식보다 자기 진도에 맞추어 나갈 수 있는 분위기에서 더 잘 배운다. 예습에 의한 공부가 좋다.

13. 작은 목표부터 성공시켜라

성공하기 위해서는 성공을 연습해야 한다. 그러려면 우선 만만한 것부터 시작하는 것이 좋다. 자신에게 너무 과중한 목표에 도전하거나, 연이어 실패를 경험하게 된다면 패배감으로 자신감을 잃게 된다. 그렇게 되면 의욕이 생기지 않기 때문에 공부에 대한 거부감이 생겨 일찌감치 공부와 담을 쌓기 시작하는 경우도 있다.

자신이 남보다 못하다는 생각에 사로잡혀 있으면 공부가 하기 싫어지는 것은 당연하다. 자신을 낮추어 생각하는 열등감은 자신을 사랑

하지 않는 것이므로 자기발전을 위해 아무런 노력도 하지 않게 된다. 따라서 먼저 자신을 사랑하는 연습을 해야 한다.

자신을 바라보는 시각을 좀더 긍정적으로 변화시켜야 한다. 자신이 잘하는 것을 찾아내고, 주위 사람들에게 자신의 좋은 점을 물어 그것을 더욱 발전시키도록 해야 한다. 실수에 대해서는 누구나 그럴 수 있다고 생각하고, 자신의 미래에 대해 긍정적으로 바라보아야 한다. 어떻게 생각하느냐에 따라서 결과는 전혀 달라지기 때문이다.

그리고 공부에 있어서도 먼저 자신이 달성할 수 있는 목표부터 세워야 한다. 자신의 현재 실력과 공부 습관, 그리고 주변 환경 등을 고려하여 목표를 세워야 한다. 그렇게 자신의 목표가 계속해서 성공하게 만들어야 한다. 그러다 보면 어느새 자신감을 갖고 공부 잘하는 사람이 되어 있을 것이다.

14. 목표와 진로가 분명해야
성공 가능성이 커진다

"내가 지금 중학생으로 다시 돌아갈 수 있다면 정말 공부 열심히 할 텐데……."

어른들로부터 이런 이야기를 많이 들어보았을 것이다. 이것은 사회 생활을 하면서 경험을 통해 중학교 때 목표를 분명히 하여 공부하는 것이 얼마나 중요한 것인가를 깨달았기 때문이다.

만약 이 책을 보는 중학생들 중에서 앞으로 자신의 미래가 어떠할지 심각하게 고민해서 자신의 목표와 진로를 결정하는 사람이 있다면 그 사람은 자신의 과거를 후회하는 어른들처럼 되지는 않을 것이다.

목표와 진로가 없는 사람들은 목표와 진로가 있는 사람들보다 뒤처지게 된다. 우리가 좋아하는 방송 프로그램을 보면 관련된 사람들이 정말 열심히 하는 모습을 볼 수 있다. 출연자, 제작자, 기술 담당자 모두들 열심이다. 그 이유는 시청자들의 채널을 자신들의 프로그램에 고정시키려는 목표 때문이다.

공부는 여행과 같다. 여행을 하려면 먼저 어디를 갈 것인지, 어떤 방법으로 갈 것인지를 철저하게 분석하고 준비해야 한다. 그렇지 않으면 무의미한 여행, 실패한 여행이 되기 쉽다.

공부 역시 마찬가지여서 분명한 목표와 진로가 있어야 그만큼 성공 가능성이 커진다.

그러기 위해서는 먼저 나의 강점, 약점, 좋아하는 것, 싫어하는 것, 가치관, 적성, 흥미, 가정환경 등에 관한 객관적인 자료와 이해를 토대로 이에 맞는 진로를 선택해야 한다. 지능이나 적성 등과 같은 요인도 일의 능률과 관련된 것으로서 중요한 것이지만, 개인에게 일의 의미, 보람, 행복감, 즐거움을 줄 수 있는 요인 등도 잘 따져서 결정해야 한다.

자신의 목표와 꿈을 이루기 위한 장래의 직업을 선택하기 위해서는 자신의 소질과 적성을 바르게 이해해야 할 뿐만 아니라 그 소질과 적성을 잘 개발하려는 노력이 더욱 요구된다.

현대 사회에서는 과학과 기술의 급속한 발전으로 인하여 직업이 다양하고 전문화되어 이에 대한 정보가 필요하다. 나의 적성과 흥미에 맞는 직업에 대해서 하는 일, 필요로 하는 자질, 장래의 발전 가능성 등에 대한 정보를 수집해야 한다. 그러한 구체적인 구상을 통해 지금 자신이 얼마나 중요한 과정에 있으며, 자신이 하는 공부가 어떤 가치를 가지고 있는지 실감하게 된다.

15. 건강한 육체와
정신에서 실력이 나온다

꾸준히 공부를 하는 데는 건강한 육체와 정신을 유지하는 일도 빼놓을 수 없다. 이를 위해서는 컴퓨터와 TV에 대한 통제력을 잃지 말아야 한다. 컴퓨터와 TV는 밤늦게까지 잠을 자지 못하게 하는 경우가 많기 때문에 다음날 학교 수업에 집중하기 어렵다. 또한, 방과 후에도 피로감으로 잠을 자버리기 쉽기 때문에 불규칙한 생활 패턴이 반복되게 된다.

컴퓨터와 TV에 대한 통제력은 자기 혼자 힘으로 감당하기에는 어려우므로 부모님에게 협조를 요청하는 것도 좋은 방법 중의 하나이다.

　뿐만 아니라, 친구들과의 관계를 적절하게 조정해야 한다. 중학생 시절만큼 친구와의 관계가 중요하게 여겨지는 때도 없다. 고등학생 때는 이미 수능에 대한 경쟁이 불가피하므로 우정이 우선순위에서 밀려지는 경우가 많지만, 중학생 때는 자신의 가치관 형성과 대인 관계의 사회성을 배우는 시기이므로 친구 관계를 등한시하는 것은 좋지 않다.

　하지만 사회성 못지않게 자신의 시간 관리와 우선순위 처리 능력을 배우는 것도 중요하다.

　친구에게 감정적으로 너무 많이 의지하게 되어 어느 날 친구와 감정이 상하게 된다면 얼마 동안 공부와 생활에 악영향을 미치게 될 것이다.

　무턱대고 친구들과 오랜 시간 어울리게 되는 경우, 생활 계획과 학습 계획을 엉망으로 만드는 직접적 원인이 된다. 자신의 절제 있고 규칙적인 생활이 먼 미래에까지 친구와의 우정을 유지할 수 있는 가장 좋은 방법임을 깊이 생각해 보아야 한다.

　청소년 시기에는 어른들이 좀처럼 이해해 주지 않는 스트레스와 갈등이 있다. 이런 시기에 공부를 잘하기 위해서는 더욱 튼튼한 마음의 건강이 요구된다.

그러기 위해서는 우리 뇌에 도파민이라는 긍정적인 기분이 들게 하는 호르몬 분비를 촉진시켜야 한다. 우리 뇌의 활성화는 심장에서 온몸에 돌게 하는 혈액의 원활한 공급에 달려 있다. 건강한 심장을 위해서는 꾸준하고 적당한 운동을 해야 하고, 혈액에 충분한 산소와 영양분을 싣고 뇌로 가기 위해서는 아침 식사를 비롯한 규칙적 식사와 영양분을 골고루 섭취해야 한다.

또 우리나라 입시 제도에서는 느긋하게 공부해서는 도저히 경쟁에서 살아남을 수가 없다. 게다가 학교 공부뿐만 아니라 학원도 여러 곳 다니는 학생이 많기 때문에 웬만한 직장 생활과 맞먹는 체력을 요구한다. 따라서 규칙적인 운동을 해서 지구력과 근력을 보강해 주어야 한다.

특히 공부하는 학생은 앉아 있는 시간이 많기 때문에 자세가 중요하다. 한창 발육하는 시기이므로 건강한 척추는 일생을 위해서라도 가볍게 여길 수 없는 현실이다.

요즘 시중에 많이 나와 있는 의자들 중에 부모님과 상의해서 척추와 장시간 앉아서 공부하는 학생들에게 맞는 제품을 구입해야 한다.

제 3 장

우등생으로
Jump!
Jump!

상위권으로 도약하는 공부 기술

16. 먼저 교과서를 정복하라

누구나 우등생이 될 수 있는 방법 중에 가장 기본적인 것이 바로 교과서 중심의 학습 방법이다. 우등생들의 공통점은 교과서를 철저히 정복했다는 점이다. 그런데도 교과서를 등한시하면서 과외나 학원 강의를 듣는 학생들이 많다.

과외나 학원 수업은 문제집 위주로 가르치기 때문에 교과서를 제대로 이해하고 소화할 시간이 없다. 교과서는 학습 내용 전체를 파악하기에 가장 좋은 책이다. 모든 일이 다 그렇듯이 전체를 알고 부분을 알아가는 것이 빠르고 쉽게 이해하는 방법이다. 전체를 보는 눈이 있으면 실력이 급상승한다.

교과서에 대한 이해 없이 문제집을 보거나 요점 정리한 내용을 공부해서는 내용 전체를 보기 어렵다. 요점 정리한 것을 모두 외운다고 해도 전체 내용이 파악되지 않는다.

교과서를 반복해서 읽고 생각하면서 흐름을 파악하고 논리적인 연결성을 찾아낼 때 전체가 보인다.

공부를 잘하고 싶은데 기초가 부족해 진도를 따라가지 못하는 경우라면 교과서에 먼저 충실해야 한다. 교과서 내용만 철저히 알고 이해하면 기초가 완성되는 것이나 다름없다. 교과서는 공부의 출발점이자 종착역이다. 교과서 학습을 통해 기본적인 개념을 알고 정리해야 기초가 정립된다.

국어 교과서를 철저히 공부하면 어휘력이 향상되고, 논술 준비가 된다. 국어 교과서를 반복해서 읽다 보면 그 어떤 논술 서적보다 더 많은 도움을 얻게 된다. 국어 과목은 문제를 많이 풀어보는 것보다 교과서를 여러 번 반복해서 읽는 것이 더 효과적이다.

수학을 잘하려면 수학 교과서에 나오는 개념과 공식을 확실하게 이해해야 한다. 그리고 난 후에 문제집을 풀면서 실력을 탄탄하게 굳혀야 한다.

영어 과목 역시 공부를 잘하고, 회화를 잘하려면 교과서를 이해하고 외워야 한다. 중학교 영어 교과서를 암기한다는 것은 기초가 완벽

하게 다져지는 것을 의미하기 때문에 평생 영어 공부에 대한 걱정을 하지 않아도 될 것이다.

그 밖에도 세계사의 흐름을 잡으려면 사회 교과서를 읽고, 한국 역사의 흐름을 알려면 국사 교과서를 정복해야 한다. 이처럼 교과서를 중심으로 공부할 때 진정한 실력자가 된다.

17. 암기 과목은 정말 기술이 필요하다

암기 과목이라고 해서 책을 펴자마자 무작정 외우려고 해서는 안 된다. 무작정 외우다가는 지치기만 할 뿐이다. 저절로 외워지는 것은 그냥 두고 충실하게 책을 읽고 중요한 것을 파악해 놓은 다음에, 아직도 외워지지 않은 것들만 챙겨서 따로 외우는 것이 효과적인 외우기의 시작이다.

우리가 암기를 하는 형태는 대개 일단 머리에 임시로 넣어두어서 시간이 지나면 잊어버리기 쉬운 정도의 수준으로 얄게 외우거나, 시험 전에 번개치기로 외워서 시험을 치르고 나면 잊어버리는 형태가 있다.

또한, 전체 내용을 이해하지 못하더라도 단단히 머릿속에 새겨 넣는 경우가 있는데, 이렇게 기계적으로 암기하기 위해서는 많은 시간과 노력을 들여야 한다.

가장 바람직한 암기법은 머릿속에 넣어 두기 쉬운 형태로 내용을 다시 정리해서 시간이 많이 지나도 잘 잊어버리지 않는 정도의 수준으로 암기하는 방법이다. 이 경우는 자기가 암기한 것을 완전히 이해한 것이기 때문에 쉽게 잊어버리지 않는 바람직한 방법이다.

18. 영어 공부 쉽게 하는 기술을 익혀라

모국어가 아닌 제2외국어를 배우는 일은 쉬운 일이 아니다. 더구나 영어는 우리말 어순과 달라 배우기가 쉽지 않다. 그러나 영어를 쉽게 할 수있는 기술을 익혀 꾸준히 노력한다면 못할 것도 없다. 그러기 위해서는 먼저 내가 왜 영어를 못하는지 그 이유부터 찾아야 한다.

영어를 못하는 이유

· 우리말로 일일이 번역해야 직성이 풀린다.

- 전체 의미보다는 한 단어에 집착하여 넘어가지 못한다.
- 영어를 말이라고 생각하기보다는 어려운 과목으로 생각한다.
- 눈으로만 공부하려고 한다.
- 틀리는 것을 부끄럽게 생각한다.
- 게을러서 반복 훈련하는 것을 싫어한다.
- 매일 조금씩 공부하기보다는 한꺼번에 소나기식으로 공부한다.

영어 공부는 당일치기로 할 수 없다. 짧은 시간이라도 매일 조금씩 공부해야 한다. 자신이 좋아하는 방법을 개발하거나 좋아하는 교재를 사용하여 재미있게 공부하는 것이 중요하다. 영어 문장을 보았을 때 부분을 이해하려고 애쓰지 말고 먼저 전체를 파악하려고 해야 한다. 그리고 100% 완벽하게 이해해야 한다는 욕심을 버려야 한다. 80% 정도만 이해하면 넘어가는 것이 바람직하다.

절대 우리말로 번역하려고 해서는 안 된다. 처음부터 우리말을 거치지 않고 곧바로 영어로 생각하고 반응하는 훈련이 필요하다. 그리고 감명 깊게 읽었거나 좋아하는 문장들이 있으면 통째로 외워야 한다. 문장을 통째로 암기하고 있으면 문법, 회화, 영작 어디에나 응용할 수 있다.

자신의 모든 생활 영역을 학습의 장으로 활용하는 것이 좋다. 집안 구석구석마다 외워야 할 영어 단어나 숙어를 적어두고, 어디를 가서 무엇을 하든지 영어와 함께 한다는 각오로 임해야 한다. 그리고 눈, 입, 귀 등 신체 기관을 총 동원하여 온몸으로 영어를 배워야 한다. 또한, 공부했으면 생활하면서 자주 활용해 보아야 한다. 사용해 보는 것만큼 오래 남는 것도 없다.

영어를 사용할 때에는 최대한 뻔뻔스러워져야 한다. 영어는 모국어가 아니기 때문에 잘 못하는 것이 당연하다. 중간중간 공부한 부분을 점검하는 것도 필요하다. 공부한 것을 효과적으로 저장하기 위해서는 정리할 시간을 가져야 한다. 만일 스스로 자기의 실력이 모자란다는 생각이 들면 이전 단계로 돌아가서 기초부터 다시 시작해야 한다.

그러나 언어란 한꺼번에 배울 수 있는 것이 아니므로, 인내심을 갖고 꾸준히 계속하는 것이 중요하다.

영역별 영어 공부 기술

|1| 발음

영어 특유의 발음 구조에 대한 이해와 암기가 필요하다. 강세를 받는 음절만 강하고, 길고, 명확하게 발음한다. 연음 법칙을 외워두라. 발음을 정확하게 잘하기 위해서는 큰 소리를 내서 말해 보는 반복 훈련이 매우 효과적이다. 영어 방송, 팝송, 영화 등을 보고 들으면서 생생한 원어민 발음을 따라해 본다.

|2| 어휘

눈이 가는 곳에 외워야 할 단어나 숙어를 적어 두고, 계속 보고 중 얼거려야 한다. 단어나 숙어를 외울 때에는 단어장보다는 문장 속에서 외우는 것이 훨씬 효과적이다. 나아가 어원을 이용해 꼬리에 꼬리를 무는 식으로 단어를 외우면 쉽게 암기되고 응용력도 생긴다.

|3| 문법

두꺼운 책보다 가장 쉬우면서 짧은 문법책을 선택하여 반복해서 읽는 것이 좋다. 이책 저책 여러 권을 보는 것보다 한 권을 골라 처음부터 끝까지 보아야 한다. 특히 자주 사용되는 문법을 확실하게 익히고, 문법이 들어 있는 문장을 외우는 것이 좋다.

|4| 독해

우리말의 어순으로 독해하지 말고 영어식 어순으로, 단어 순서대로 독해하라. 영어 단어 순서대로 따라가며 이해해야 한다. 문장을 완벽하게 해석해서 이해하려고 하지 말고 전체적인 의미를 먼저 파악하도록 한다. 그러기 위해서는 문맥과 전후 관계를 파악하는 것이 먼저이다.

쉽고 재미있는 소설이나 동화를 영어로 읽으면서 독해 훈련을 하고, 중간에 모르는 단어가 나와도 일단 넘어가도록 한다.

|5| 듣기

자기 영어 수준에 맞는 카세트 테이프를 하나 택해서 들릴 때까지 계속 반복해서 들어라. 우선 영어의 리듬과 발음 요령을 파악하고 어느 정도 단어와 문장이 들리면 받아쓰기를 해 보도록 하자. 단어 하나하나에 집착하지 말고 전체 의미를 파악하는 것에 초점을 맞추는 것이 좋다.

재미있는 영화를 반복해서 보는 것도 듣기 훈련에 좋다. 처음 한두 번은 자막을 보면서 내용을 이해하고, 그 이후에는 자막을 가리고 본다. 대화가 어느 정도 귀에 들어오면 눈을 감고 대사만 들으면서 내용을 그려본다. 그리고 대사를 따라하면서 받아 써 본다.

|6| 영작

영작을 하기 위해서는 먼저 영어식 사고방식과 표현을 익히는 것이 필요하다. 따라서 교과서나 책에 나와 있는 주요 구문을 외워야 한다. 그리고 짧고 간단한 것부터 영어로 쓰는 연습을 해야 한다. 꾸준히 영어일기를 쓰거나 친구들과 영어로 이메일을 교환하는 것도 실력 향상에 많은 도움이 된다. 영작을 할 때는 멋을 부리려고 애쓰지 말고 짧고 쉽게, 복합 문장보다는 단순 문장을 사용해 훈련하도록 한다.

|7| 생활 영어

생활 영어는 그야말로 생생한 삶의 언어이다. 생활 영어를 잘하려면 영어권 문화와 사고방식을 먼저 이해해야 한다. 원어민들을 자주 접할 수 없는 우리나라 실정에서는 관용적인 표현을 익히고 실생활에 근접한 단어를 외워야 한다. 그러기 위해서는 현재 유행하는 영화나 드라마를 많이 보고, 우리나라 신문과 영어 신문을 비교해서 읽어 보는 것이 좋다.

또한 생활 주변에 일어나는 일들을 영어로 생각하고 말해 보는 습관을 길러야 한다. 영어를 리듬감 있게 큰 소리로 읽는 훈련을 하여 입에서 친숙해지도록 하자. 쉬운 단어로 간단하게 표현하는 것부터 시작하여 친구들과 영어로 무조건 많이 말하도록 하고, 기회가 된다면 이태원이나 공항에 놀러가 외국인에게 말을 걸어보는 용기도 필요하다.

19. 수학을 잘하게 하는 기술을 익혀라

우리나라에서는 수학을 잘하는 척도로 계산 실력과 응용력을 꼽는데, 사실 고등학교 수학까지는 진정한 의미의 응용 문제가 없다. 대부분이 문제를 수학적인 식으로 바꾸는 문제가 있을 뿐이다. 그렇기 때문에 문제 유형만 잘 알고 있으면 시험에서도 좋은 점수를 받을 수 있다. 그런데 이런 식의 수학 공부에 길들여진 학생들이 미국 등으로 유학을 갈 경우 대학 공부를 힘겨워하게 된다고 한다.

미국 대학과 우리의 수학 실력 차이는 기본적으로 독서에서 온다고 한다. 계산 실력만 쌓는 우리보다 많은 독서를 하는 그들이 수학을 잘한다는 것이다. 전 세계에서 가장 돈 많이 버는 기업인 마이크로소프트사의 직원 70%가 수학과 출신이라고 한다.

따라서 진정한 의미에서 수학을 잘하기 위해서는 먼저 많은 독서를 해야 한다. 수학은 단순히 기호로 이루어진 과목이 아니라, 형이상학적인 개념들을 단순화된 기호로 표현하여 연구하는 과목이기 때문에 높은 이해력과 사고력을 요구한다. 저학년 때 계산 잘한다고 수학을 잘하는 것으로 생각하고 안심해서는 큰코 다칠 수 있다.

뿐만 아니라 수학을 잘 하려면 사고력을 길러야 한다. 생각할 줄 아는 능력은 수학 과목에 있어서 절대적이다. 그리고 계산 실력이 필요한데, 계산 실력은 수학에 있어 가장 기본이 되는 것이다. 올바른 계산 자체가 중요하기도 하지만, 많은 계산 연습은 직관력을 길러주어 사고력 향상에도 도움을 주기 때문이다.

계산력을 기르기 위해서는 많은 연습이 필요하다. 요즘에는 계산력을 향상시킬 수 있는 학습지들이 많이 나와 있다. 자기에게 맞는 학습지를 선택해서 무리하지 않고 조금씩 재미있게 해나가다 보면 자연히 실력이 향상될 것이다. 조바심 가지지 말고 꾸준히 쉬지 않고 할 수 있어야 한다.

수학을 잘하기 위해서 필요한 또 한 가지는 주의력이다. 모든 과목이 다 마찬가지이지만 마지막 마무리를 잘못해서 실력보다 낮은 점수를 받은 경우가 있을 것이다. 시험도 일종의 표현 방법이다. 자신이 알고 있는 것을 정확하게 답안지에 나타낼 줄 아는 능력이 필요하다.

수학 문제를 풀 때는 전체적인 문제를 먼저 생각하고 순서를 정한 뒤 어떻게 답을 내야 하는지를 생각해서 실수를 줄여야 한다.

수학을 잘할 수 있는 방법

교과서에 제시된 기본적인 공식, 용어 등에 익숙해지면 문제를 잘 이해할 수 있고 암기가 잘 된다. 각 단원마다 꼭 알아두어야 할 기본적인 문제들은 빼놓지 말고 익혀야 한다. 문제별 유형과 풀이 과정을 암기하여 익숙하도록 만들고, 문제를 풀 때 어디를 모르는지, 어디서 잘못 풀었는지를 밝히기 위해 풀이 과정을 지우지 말고 그대로 두어야 한다.

수학은 시간과의 싸움이다. 반복적으로 나오는 문제는 자동적으로 풀 수 있게 집중적으로 연습하고, 알고 있는 문제보다도 자신이 잘 모르는 문제, 이해가 되지 않는 문제를 집중적으로 파고들어 성취감을 맛보는 것이 좋다.

또한, 자기 스타일에 맞고 이해하기 쉬운 한 권의 참고서나 문제집을 선택해서 여러 번 반복해서 풀어 보도록 한다. 또한 매일 단 몇 문제만이라도 쉬지 말고 꾸준히 풀어보는 것이 좋다. 잘 이해되지 않거나 모르는 문제가 있으면 친구나 선생님께 물어서 가능한 이해하도록 노력해야 한다. 그리고 자신이 잘할 수 있는 부분을 만들어서 주변 친구들에게 가르쳐 주도록 한다.

수학의 원리를 알면 재미가 저절로 붙게 된다. 그러므로 재미있는 수학의 역사나 수학자들의 전기를 읽어보고 수학에 흥미를 키워나가는 것이 좋다.

20. 사회를 잘하게 하는 기술을 익혀라

사회 과목을 잘하기 위해서는 흥미와 관심을 갖는 것이 우선되어야 한다. 사회 시간은 우리가 살고 있는 세계를 탐구하는 시간이다. 우리 자신과 이웃에 대하여 항상 관심을 갖고 수많은 질문을 던져 보는 습관이 중요하다.

사회의 다양한 문제를 정확히 파악하는 데 필요한 것은 단편적인 지식의 암기보다는 기본적인 개념, 원리, 법칙 등을 아는 것이다. 따라서 교과서에 소개된 사회과학 개념의 의미가 무엇이며, 그러한 개념이 어떻게 형성되었는가를 이해하는 것이 사회 학습의 기초를 쌓는 데 도움이 된다.

하나의 주제를 놓고 여러 사람이 토의 학습을 해보는 것도 바람직하다. 관심 있는 사회 현상에 대해 조사를 해보고 친구들과 토론을 하며 결론을 이끌어 내는 것은 좋은 학습법이다. 이 때 선생님이나 웃어른의 자문을 얻는 것이 바른 결론을 내리는 데 도움이 될 것이다. 주의할 점은 자신의 주장을 끝까지 관철시키려 하지 말고, 다양한 의견을 서로 교환하고 다른 사람의 의견이 옳다면 자신의 의견을 수정하는 태도로 임해야 한다는 것이다.

사회 과목을 잘하려면 각종 도표, 지도, 사료 등의 자료를 분석하는 능력을 길러야 한다.

사회 학습에는 각종 자료나 다양한 형태의 통계 자료가 많이 이용된다. 그러므로 주어진 자료를 분석하여 하나의 개념으로 끌어낼 줄 알아야 한다.

또한 교과서 이외의 관련 도서를 많이 읽는 것이 필요하다. 평소에 신문, 잡지, TV 등의 다양한 대중 매체와 폭넓은 사회과학 서적의 독서를 통해 여러 가지 자료를 접하고, 그 가운데서 어떤 하나의 문제를 해결하기 위해 필요한 자료를 선택하는 방법과 능력도 길러야 한다.

특히, 사회과학 도서는 대개가 지식의 단순한 나열이 아니라 특정한 주제에 관하여 일관된 맥락으로 문제를 제기한 다음, 증거를 제시하고, 주장을 펼쳐, 일정한 결론을 내리는 형식으로 구성되어 있으므로 사회과학 서적의 독서는 과학적인 사고력 향상에 도움이 된다.

나아가 현장 학습, 조사 활동 등에 적극적이고 자발적으로 참여한다. 교과서나 참고서를 통한 지나친 지식 위주의 학습보다는 일상적인 주변의 현상, 사실 문제 등을 종합적인 안목에서 인식하고 해결하려는 노력을 기울여야 한다. 특히 교육 과정이 개정되면서 이 부분은 더욱 중요해지고 있다. 그러므로 중학교 사회 학습의 수준에 맞추어 생활 주변에서 쉽게 접할 수 있는 소재를 이용하여 문제에 대한 인식과 함께 문제 해결을 위한 가설 설정 및 탐색, 정보, 자료, 증거의 수집 및 분석, 사실 검증 및 결론 도출, 의사 결정 및 행동으로까지 이끌어 낼 수 있는 능력을 길러야 한다.

21. 과학을 잘하게 하는 기술을 익혀라

과학을 잘하기 위해서는 우선 과학 교과서를 읽는 방법부터 알아야 한다. 과학 교과서를 읽을 때는 먼저, 생소한 용어를 익혀야 한다. 과학 용어들은 개념을 이해하는 데 기초가 되기 때문이다.

그리고 각 단원의 내용이 어떤 식으로 전개되어 있는지를 보아야 한다. 교과서에는 이론을 제시한 후에 예를 제시하고, 보기를 제시하고, 마지막으로 요약을 하는 것이 보통이지만, 자기가 알기 쉽게 읽을 순서를 정해야 한다. 예컨대 처음부터 꼼꼼히 읽었는데도 이해가 가지 않는다면, 보기 문제를 먼저 찬찬히 읽어보고, 그 다음 이론이나 공식을 이해하는 순서로 정할 수 있다.

제대로 과학 공부를 하려면 한 문장을 완전히 이해한 후에 다음 문장으로 넘어가야 한다.

모든 용어의 뜻을 알고, 모든 공식을 기억하며, 제시된 예와 보기들을 직접 풀어볼 줄 알아야 한다.

계산 문제는 반드시 검산을 해보아야 한다. 그렇게 하는 것이 수학적 계산 착오를 막는 데 가장 좋은 방법이다. 문제를 풀 때는 문제가 요구하는 것이 무엇이고, 어떤 공식이 포함되어 있고, 중요한 정보가 무엇이며, 불필요한 정보는 없는지 살펴보아야 한다.

자기가 제대로 공부했는지 알아보기 위해 공부한 내용을 다른 사람들에게 설명해 보는 것이 좋다. 다른 사람에게 설명하는 과정을 통해 자신이 정확히 알고 이해했는지 그렇지 않은지 확인할 수 있다.

그리고 과학 수업 시간 바로 전에는 그날 공부할 부분을 간략하게 읽어 본다. 제목, 그림, 다이어그램, 이탤릭체 혹은 강조 글씨, 요약된 부분 등을 읽으면서 대략적인 내용의 흐름을 짚어본다. 그리고 자신이 내용을 미리 짐작해 보면서 의문을 가져보는 것이 수업에 열중할 수 있는 좋은 방법이다.

수업 중에 등장한 중요한 개념이나 자주 반복되는 단어를 이해하도록 한다. 수업을 마친 후에는 수업 시간에 필기한 노트를 점검해 보고, 교과서에서 덧붙일 필요가 있는 정보가 있는지 확인한다.

공부한 내용을 되새기면서 자기 나름대로 정리한다. 그리고 시험에 나올 만한 문제를 예상해서 직접 만들어 보고, 그 문제에 답해 본다.

22. 노트 정리에도 기술이 필요하다

노트 정리는 예습과 수업 시간, 그리고 복습으로 이어지는 종합적인 것이어야 한다. 대부분의 학생들이 노트를 단지 수업 시간에 필기하고 복습 시간에 한 번 훑어보는 데 그치는 것으로 생각하고 있다. 더욱이 예습을 할 때 노트를 활용해서 공부하는 경우는 드물다.

학기 초반에는 그런 대로 많은 학생들이 성의껏 노트 필기를 해둔다. 그러나 시간이 갈수록 과제물 준비나 시험 준비로 바쁘다 보면 한두 장 밀리게 되고 그러면 차츰 노트 필기에 소홀하게 된다. 이렇게 되면 나중에는 다른 사람의 노트나 참고서에 의존하여 공부할 수밖에 없다. 그러므로 노트 필기는 얼마나 끈기 있게 지속하느냐에 그 성패가 달려 있다. 그리고 무엇보다도 중요한 것은 잘 정리된 노트 자체보다도 그것을 제대로 활용하는 것이다.

그러나 학습의 강도를 좀더 높이고 효과를 더 얻기 위해서는 예습 → 수업 → 복습으로 이어지는 꾸준하고도 종합적인 노트 정리가 필요하다.

왜냐하면, 노트는 예습을 할 때 학습 내용이 자신의 힘으로 어느 정도 이해할 수 있었는가, 수업 시간을 통해 이해한 것은 무엇인가, 또한 복습할 때 내용 정리는 어떻게 했는가를 일목요연하게 보여주는 역할을 하기 때문이다.

이러한 방법으로 정리한 노트는 나중에 총 복습을 할 때에도 편리하고, 수시로 자신이 어느 정도 학습 내용을 이해하는가를 파악하는 데도 유익한 자료로 활용된다. 그 어느 누구도 가지지 못한 자기만의 교과서가 되는 것이다. 특히 예습과 복습을 할 때 학습 요점이나 중요 사항을 정리하여 자주 써 보는 것은 주관식 문제에 대한 대비책이 된다. 예습할 때 스스로 문제 제기한 내용을 복습할 때 답해 보는 연습을 많이 하는 것이 좋다. 예습 때 공부한 것과 수업 시간에 다시 풀어보았을 때 답이 서로 다를 경우, 예습 내용의 답을 고치되 그 흔적을 남겨 두도록 한다. 다음에 복습할 때 예습할 때 왜 틀렸는가를 분석할 수 있는 좋은 기회가 될 것이다.

그리고 예습, 수업, 복습 내용을 정리할 때 펜 색깔을 구별해서 기입한다면 더 좋은 학습 효과를 노릴 수 있고 암기 내용을 쉽게 기억할 수 있다. 그러므로 펜 색깔을 자신이 좋아하는 것으로 구분해서 사용하는 것이 좋다.

노트 정리를 지나치게 빽빽하게 하면 다시 볼 때 쉽게 피로를 느낀다. 좁은 공간에 너무 많은 내용을 적어 놓으면 나중에 공부할 때 알아보기에도 힘이 들고 공부할 마음도 쉽게 일어나지 않는다. 그러므로 되도록 공간을 여유 있게 사용해야 한다. 그래야 수업 시간에 선생님의 강의 내용을 충분히 보충 설명하듯 적을 수 있다.

또한 노트를 처음부터 끝까지 천편일률적으로 쓰면 보기에도 불편하고 학습 효과에도 큰 도움이 안 된다. 요령 있는 사람은 어디에 어떤 내용을 쓰고 무엇을 어떻게 배치할까를 분명하게 생각해서 노트 작성을 한다.

노트는 자신이 매일 보는 것이기 때문에 너무 딱딱하게 쓰면 쉽게 지루해질 수 있다. 이런 느낌을 줄이려면 혼란스럽지 않은 범위 내에서 자기만의 개성을 살려 노트를 재미있게 꾸며 볼 필요가 있다.

다음과 같이 노트 필기 요령을 익혀두면 우등생으로 이끄는 나만의 노트를 가질 수 있다.

수업 내용 이외에 예습이나 복습 또는 참고 사항 등은 수험생 자신이 직접 문장을 만들어서 적는다. 이 때, 문장은 가능한 간결한 문체로 자신만이 알아볼 수 있게 쓰되, 내용을 정확하게 적는다. 불확실한 해석이나 설명은 나중에 노트를 다시 확인할 때 혼란을 초래하기 때문이다.

노트를 깨끗이 사용한다고 틀린 글씨나 내용을 지우개나 수정액 등으로 지우고 다시 쓰는 경우가 많다. 그러나 이것은 일종의 시간 낭비에 지나지 않는다. 오히려 틀린 곳에 선을 그어 지우고 옆이나 밑에 다시 쓰는 방법을 취해 시간을 절약하는 것이 효과적이다.

노트를 보면서 그것을 기록한 때로 되돌아가 생생하게 기억을 되살릴 수 있는 장치가 필요하다. 이를테면 필기한 날의 날짜, 요일, 날씨, 선생님의 질문과 급우들의 대답 내용 등이 바로 그런 것이다. 어떤 학생은 선생님이 수업 내용 이외의 지나가는 말로 들려준 이야기까지 정리해서 적어 놓기도 한다. 이 모두가 수업 시간에 학습한 내용들을 쉽게 기억해 내기 위한 노력들이다.

문장으로 모든 내용을 다 설명하는 데에는 한계가 있다. 복잡한 관계, 시대의 흐름 등은 단순히 글로 나타낼 것이 아니라 그림, 도표, 연표 등을 사용해서 나타내는 것이 효과적이다. 경우에 따라서는 교과서나 참고서에 나오는 그림과 표를 복사하여 노트에 오려 붙이는 방법도 좋다.

긴 해설보다는 단순한 기호를 사용해서 간략하게 정리하는 것도 좋은 방법이다. 자주 나오는 지시나 주의 사항을 기호로 표시해 두면 후에 복습할 때에 상당한 도움을 받을 수 있다.

노트 필기에서 너무 다양한 색 혹은 많은 부분을 형광펜이나 다른 색 펜으로 강조해 놓으면 혼란만 일으키고 오히려 역효과를 주기도 한다. 따라서 형광펜이나 다른 색으로 밑줄을 그을 때에는 수업 중에 강조되었거나 정말 중요해서 반드시 암기해야 할 내용인 경우에만 혼란스럽지 않게 깔끔하게 줄을 친다.

23. 수행평가 점수를 잘 받는 기술

수행평가란 중간고사나 기말고사와 같이 정해진 시험 외에 국어 과목에서 독후감이나 소설 재구성하기, 영어 과목에서 영어로 작문하기, 음악 과목에서 리코더 연주하기 등과 같이 평소 각 과목별 선생님이 주관적으로 치르는 시험이다. 보통 중간고사와 기말고사가 70% 정도의 비율을 차지해서 수행평가의 비율은 30%나 되므로 결코 소홀히 해서는 안 된다.

각 과목별로 수행평가를 잘하려면 일단 선생님의 특성을 잘 파악해야 한다. 선생님들은 수행평가를 내줄 때 점수를 주는 기준 등을 말씀해 주시기 마련이다. 이 때 채점 기준을 유념하여 듣고 그 기준에 맞춰서 과제를 작성하도록 한다. 수행평가를 하는 데에 의문이 생긴다면 어떻게 해야 하는지를 선생님께 확실히 질문하도록 한다.

수행평가의 채점 기준을 정확히 알았다면, 그 다음 수행평가를 하는 데 있어 가장 중요한 자료 수집에 돌입해야 한다. 음악, 미술, 체육 같은 과목을 제외하고는 나머지 과목의 수행평가는 자료 수집이 관건이다. 손쉬운 자료 수집 방법으로는 인터넷이 있다.

그러나 인터넷에서 얻을 수 있는 정보는 다양하긴 하지만 깊이가 없다. 인터넷보다는 도서관에서 훨씬 더 깊이 있는 정보를 얻을 수 있다. 따라서 인터넷으로 기본 자료 조사를 한 다음 도서관에서 추가할 내용을 찾는 것이 현명한 자료 조사 방법이다.

그리고 수행평가 과제를 책이나 인터넷에서 베낀 그대로 내는 것은 높은 점수를 받지 못한다. 왜냐하면, 수행평가는 학생의 창의적인 과제 수행 능력을 평가하는 것이 목적이기 때문이다. 따라서 수행평가로 글을 쓸 때는 되도록 자기 의견을 넣어서 쓰도록 한다.

수행평가 가운데는 노트 필기도 있을 수 있는데, 노트 필기 부분은 앞에 나온 내용 부분을 참고하면 된다.

수행평가는 과목마다, 선생님마다, 평가 방법도 평가 기준도 각각이지만 공통적으로 필요한 태도가 있다. 바로 적극성이다. 주어진 과제를 적극적으로 해결하려는 모습을 보인다면 어떤 과목의 수행평가에서도 좋은 점수를 얻을 수 있을 것이다.

24. 시험에서 승리하는 기술

시험 시간표가 발표되면 공부해야 할 과목 수와 공부할 분량, 난이도에 따라 공부 시간을 배분해야 한다. 만일 영어가 가장 어려운 과목이라면 이틀 정도를 영어에 할애하고, 나머지 과목은 하루씩 배정하는 등 자신의 수준을 고려해 공부 시간표를 짠다. 또한 교과서의 기본 내용을 정리하고 빠진 필기 내용을 보충하는 등 공부하기 전에 필요한 자료들을 준비한다.

정리한 내용을 보면서 중요한 것들을 암기하고, 문제집을 풀어보고, 더 나아가서는 자신이 예상 문제를 만들어 풀어본다. 공부를 할 때에는 먼저 중요한 개념을 정리한 뒤 그에 따르는 세세한 내용을 공부하는 것이 효과적이다. 예상 문제를 만들 때에는 친구들과 서로 문제를 내고 답하는 방법도 좋다. 이 때 자신에게 취약한 과목이나 내용을 체크하여 보충한다. 시험 전날과 당일을 위해 정리했던 내용과 문제집을 풀면서 틀린 문제와 예상 문제, 핵심 개념을 다시 훑어보고 암기한다.

이와 같은 방식으로 계획을 세워 시험을 준비하면 교과 내용을 두세 번 반복할 수 있는데, 약 2~3주의 다소 많은 시간이 필요하다. 벼락치기를 해서는 원하는 결과를 얻을 수 없으므로 충실히 공부하는 습관을 길러야 한다.

시험을 치를 때는 무엇보다 긍정적인 생각을 갖는 것이 중요하다. 시험을 잘 보아야 한다는 강박적인 생각보다는 자신이 공부한 만큼의 결과를 얻겠다는 마음을 가지는 것이 좋다. 그리고 모르는 문제가 나왔을 때에도 미리 포기하기보다 우선 마음을 가다듬고 차분히 생각해 보는 것이 시험에 대한 부담감을 줄이는 데에 도움이 된다.

보통은 시험이 끝나면 해방감에 젖어 시험지를 팽개치고 다시는 거들떠보지도 않거나 잊어버리는 학생들이 많다. 그러나 시험지를 잘 활용하는 것도 훌륭한 학습 방법의 하나임을 강조하고 싶다.

특히 학기말 고사나 학년말 시험을 준비할 경우에는 예전에 배웠던 모든 학습 내용을 한꺼번에 복습해야 하기 때문에 많은 시간과 노력이 필요하다. 이 때 지난 시험지를 보면서 핵심 내용을 정리하고, 틀린 문제를 다시 풀어보면 적은 노력으로 큰 효과를 거둘 수 있다.

시험지를 정리할 때는 먼저, 시험지에 날짜와 시험 범위를 기록한다. 그리고 정답을 적은 후에 틀린 문제를 확인하여 왜 틀렸는가를 표시해 놓는다.

예를 들어, 문제를 잘못 읽거나 실수로 틀린 것과 몰라서 틀린 것은 전혀 다르다. 모르는 내용이지만 추측으로 찍어서 맞았을 경우 반드시 표시를 해두고 왜 정답인지를 확인하고 넘어 가야 다음에 비슷한 문제가 나왔을 때 자신 있게 답을 쓸 수 있다.

또한 틀린 문제와 관련된 내용이나 교과서 페이지를 적어 다음에 시험지를 다시 볼 때 한눈에 알아보기 쉽도록 정리한다. 그래야 나중에 시험지를 공부 자료로 사용할 수 있다.

다음 번 시험에서 좋은 결과를 얻으려면, 시험지를 버리지 말고 적극적으로 활용하는 것이 여러모로 좋다. 점수와 등수 확인에 집착해서 쉽게 좌절하기보다 오히려 자신의 학습 수준과 부진한 부분을 명확히 파악하도록 하자. 다음 시험에는 자신감 있게 대처할 수 있을 것이다.

25. 벼락치기에도 기술이 있다

평소 꾸준히 공부하는 것도 중요하지만 다급한 상황에서 단기간에 하는 공부도 시험 공부 기술만 잘 터득하면 큰 효과를 발휘할 수 있다.

벼락치기에도 기술이 있다. 벼락치기는 시간과의 싸움이다. 잡다한 일이나 생각은 나중으로 미루고, 한 번 공부했다고 다 아는 것은 아니기 때문에 반복해서 확인해 본다. 눈으로만 책을 읽지 말고 중요 사항에 밑줄을 긋고, 쓰고, 말하면서 모든 수단을 총동원해서 공부한다.

벼락치기 시간만큼은 딴 생각은 절대 금물이다. 모든 신경을 공부에 집중해야만 한다. 자신이 좋아하거나, 잘하는 과목보다는 부족한 과목, 전략 과목에 시간을 많이 투자하는 것이 효율적이다. 쉬는 시간이나 휴식 시간에도 가만히 있지 말고 짧게라도 공부했던 내용을 점검함으로써 효과적으로 활용한다.

시험 준비에 꼭 필요한 요건

|1| 시험 계획 세우기

시험 일정이 발표되면 곧바로 시험 준비 계획서를 준비한다. 계획은 구체적으로 짜되 너무 무리하지 않고 융통성 있게 짜야 한다. 중요한 과목은 우선적으로 매일 조금씩 공부한다. 국어나 과학 과목은 처음에는 교과서 내용 위주로 공부하고, 나중에 문제집을 풀어본다. 암기 과목의 경우 처음에는 교과서 내용 이해를 중심으로 공부하고, 정리한 내용을 암기하되 자투리 시간을 잘 이용한다. 시험 전날 오전까지는 전체 공부를 하고 오후부터는 다음날 시험 과목에만 전념한다.

|2| 실전 대비

교과서나 참고서에 밑줄을 긋거나 여백에 요점을 적어둔다. 페이지마다 내용이 시각적 이미지로 한눈에 분명하게 들어오도록 표시해

둔다. 그리고 문제 유형에 익숙해지도록 문제집을 많이 풀어본다. 한 번 틀리면 계속 틀릴 수 있다. 문제를 풀다가 틀린 문제는 따로 표시해 두고 왜 틀렸는지 내용을 반드시 확인한다. 자신이 예상 문제를 만들어 보고 풀어본다. 친구와 예상 문제를 서로 교환해서 풀어보는 것도 좋다.

|3| 컨디션 조절

몸이 피곤할 때는 억지로 공부하지 말고 쉬거나 목욕을 한다. 머리를 맑게 하기 위해 간단한 체조나 산책을 하고, 적은 양으로 칼로리 높은 아침 식사를 한다. 규칙적으로 식사하고 굶거나 과식하지 않는다. 잠은 자기 신체 리듬에 맞추되 짧게 여러 번 나누어 자는 것이 좋다.

|4| 생각의 변화

이번 시험은 왠지 잘 될 것 같다는 긍정적인 자기암시를 걸어 본다. 시험이 끝난 후 좋은 결과로 행복해하는 자신의 모습을 머릿속에 그려본다. 시험이 가까워질수록 불안해하지 말고 잘할 수 있다는 자신감을 가진다.

26. 시험 불안을 다스려야
좋은 성적이 나온다

시험 불안은 뇌를 긴장시켜 신경 전달 물질이 빠르게 움직이도록 한다. 그래서 뇌의 활동을 최적화시키고 사고 활동을 하는 데 도움을 준다. 또한 시험 불안은 시험 공부로 이어져 평소 때는 공부를 잘하지 않던 아이도 시험 기간만큼은 집중해서 공부를 하게 된다. 따라서 시험을 잘 치기 위해서는 어느 정도의 시험 불안이 필요하다.

그러나 시험 불안이 문제가 되는 것은 그런 불안 증세가 전혀 없거나 과도한 경우이다. 시험 불안이 전혀 없다면 위에서 말한 여러 가지 긴장 상태가 일어나지 않아 시험 공부를 하지 않을 뿐더러 시험을 칠 때도 주의를 거의 기울이지 않기 때문에 좋은 성적을 기대할 수 없다. 시험 불안이 전혀 없는 경우에 나타나는 현상은 시험이 언제인지를 모르거나, 시험 범위를 제대로 알지 못하고, 시험 전날이 되어도 평소와 똑같이 공부를 하지 않는 것이다.

이렇게 시험 불안이 전혀 없는 원인은 공부에 관심이 없거나 매사에 의욕이 없는 경우이다.

이런 현상은 갑자기 나타나는 것이 아니라 성적이 점점 떨어져 더이상 자신의 힘으로 공부를 할 수 없다고 생각하는 무력감에 빠졌을 때 나타나는 증후이다. 한마디로 공부를 포기했을 때이다.

이와 반대로 시험 불안이 심한 경우에도 다양한 증상이 나타난다. 시험 기간이 다가올수록 걱정이 되어 밥맛이 없어지거나, 책을 읽어도 내용이 전혀 생각나지 않는다. 사소한 일에도 짜증을 잘 내고, 악몽을 자주 꾼다. 시험에 대한 강박관념으로 책상에 앉아 있는 시간이 유난히 길다.

그러다가 시험 당일에는 마음의 긴장 상태가 최고조에 달해서 시험지가 보이지 않거나, 분명히 아는 문제인데 답이 생각나지 않는다. 또는 머리가 멍하고 딴 생각이 자꾸 나서 시험 문제를 되풀이해서 읽게 된다.

신체에 나타나는 증상은 식은땀이 나고, 심장 박동수가 비정상적으로 높아진다. 머리가 심하게 간지럽거나 손에서 땀이 많이 나고 떨리기도 한다. 이렇게 긴장이 고조되면 많은 실수를 하게 되어 당연히 시험을 잘 치지 못한다. 시험을 치고 나서도 그 결과에 대한 평가를 다 받기 전에는 편안한 마음을 가지지 못해 안절부절못하게 된다.

이런 과도한 시험 불안은 대학 입시가 가까워질수록 심해지기 때문에, 중학교 때부터 시험 불안을 잘 관리해야 한다.

27. 성적 100% 올리는
시험 잘 보는 기술

시험 전날에는 급한 마음에 이것저것 펼쳐볼 수 있는데, 그렇게 해서는 시간만 낭비할 수 있다. 다음날 치를 시험 공부에만 전념해야 한다. 이해가 필요한 과목을 우선 공부하고 중요한 내용을 꼭 표시해 둔다. 만일 이해가 잘 안 되는 곳이 있으면 시간이 없으므로 그냥 넘어간다. 그리고 전략적으로 빠른 시간에 준비할 수 있는 과목을 공부하되 예전에 표시해 둔 중요 사항 위주로 암기한다. 눈을 감고도 몇 페이지에 무슨 내용이 담겨 있는지 훤히 보이도록 익숙하게 만드는 것이 중요하다. 이전 시험지나 수업 시간에 강조한 부분 등을 참조하면서 출제된 문제 유형을 파악한다. 그리고 시험 유형에 익숙해질 수 있도록 문제지를 풀어 본다.

시험 보는 날은 평소보다 일찍 일어나서 다시 한번 공부한 내용을 점검한다. 반드시 아침 식사를 일찍 하고 학교로 출발하고, 학교로 이동하는 시간, 쉬는 시간 등의 자투리 시간을 잘 활용한다. 모든 내용을 다 살펴보겠다는 생각보다 중요 사항, 표시한 것들 위주로 이미지를 기억해 본다.

긍정적이고 안정된 마음을 갖도록 자기암시를 하고, 친구들이 말을 걸거나 떠들어도 분위기에 휩쓸리지 않는다.

시험 문제를 풀 때도 순서가 있다. 대개 1번부터 5번 정도까지는 쉬운 문제가 배치되기 때문에 일단 앞 부분을 먼저 푼다. 그리고 막히는 문제가 나오면 일단 건너뛰고 쉬운 문제를 찾아서 푼다. 문제를 보고 고민을 할 때는 배점이 큰 문제에 더 많은 시간을 안배하도록 한다. 그리고 객관식은 다 풀고 나서 마지막에 주관식과 논술식을 풀어야 한다. 주관식과 논술식은 답안지를 걷어가기 직전까지 포기하지 않는 것이 좋기 때문이다.

그런데 아무리 시험 준비를 완벽하게 했어도 막상 시험을 치르는 시간에 실수를 하면 모든 것은 허사가 되고 만다. 우등생이 되기 위해서는 시험을 잘 보는 기술도 익혀 두어야 한다.

시험 잘 보는 기술

|1| 시험지 훑어보기

시험지를 받으면 먼저 시험 문제지를 눈으로 죽 훑어보고 어떻게 문제를 풀지 머릿속으로 잠시 생각한다.

|2| 시험 시간 안배하기

시험 문항 수와 시험 시간을 계산하여 한 문제마다 소요 시간을 체크한다. 시험을 치르는 속도를 점검하기 위해 시계를 준비한다. 배점이 큰 문제에 더 많은 시간을 할애하되, 한 문제에 너무 많은 시간을 소비하지 않는다. 시험을 빨리 끝내려고 조급해하면 안 된다.

|3| 지시문 잘 읽기

시험 문제는 반드시 끝까지 읽어보아야 한다. 부정인지 긍정인지, 답을 몇 개 선택하는 것인지 질문 내용을 잘 확인한다. 보기 문항을 꼼꼼히 비교하면서 살펴본다. 간혹 시험지 내에 다른 문제나 보기로부터 힌트를 얻을 수도 있다.

|4| 검토한 뒤 다음 시험 준비하기

다 풀었다고 방심하는 것은 금물이다. 다시 한 번 점검해 보면서 실수한 것이 없는지 확인한다. 쉽다고 생각한 문제도 반드시 다시 한번

점검한다. 그러나 아는 만큼 다 썼다고 생각되면 빨리 제출하고 다음 시험 과목을 준비한다. 일단 끝낸 시험은 잊어 버리고, 다음 시험 과목 준비를 위해 머리를 식히는 것이 필요하다.

주관식, 논술식 시험 잘 보는 기술

|1| 먼저 질문을 잘 읽고 질문의 의도나 핵심을 찾아본다. 그리고 질문의 요지를 여백에 간결하게 적는다.

|2| 핵심 단어에 밑줄을 긋거나 표시를 하며 어떻게 연결시킬지 구상해 본다.

|3| 빠져서는 안 될 핵심 단어를 여백에 적어 두고 답안을 쓰기 시작한다. 이 때 답안의 글씨는 깨끗하게 적는다.

|4| 정답은 없다. 자기 생각을 설득력 있고 분명하게 주장해야 한다. 하지만 모호하고 일반적인 것보다는 구체적이고 명확하게 답안을 작성해야 한다.

객관식 시험 잘 보는 기술

|1| 문제를 꼼꼼하게 끝까지 읽어본다. 특히 질문이 부정(아닌 것,

틀린 것)인지, 긍정(맞는 것, 옳은 것)인지를 확인해야 한다. 질문이 보기 중에서 답을 몇 개 고르라는 것인지도 확인한다. 질문의 요지나 핵심 단어에 밑줄을 긋거나 기타 별도의 표시를 해두는 것도 문제에 집중하는 방법이다.

|2| 시험 볼 때는 긴장해서 문제를 처음 볼 때는 분명히 알고 있던 공식도 다시 한 번 문제를 읽을 때는 생각해 낼 수 없는 경우가 생기므로 문제와 관련된 법칙이나 공식이 떠오르거든 얼른 여백에 그 법칙과 공식을 써 두어야 한다.

|3| 보기 중에서 정확하게 선택할 수 없다면 틀린 답부터 우선적으로 지워나간다. 수학 같은 경우에는 풀이 방법이 도무지 생각나지 않을 때 보기를 문제에 직접 대입해 보는 것도 한 방법이다.

|4| 알쏭달쏭한 문제들이 꼭 있는데 의외의 함정이 있을 수 있으므로 너무 쉬운 문제도 주의해야 한다. 이런 때는 선생님의 출제 의도를 파악해 보는 것이 중요하다. 그리고 너무 어렵거나 혼동되는 문제는 억지로 풀면서 시간을 소비하지 말고 표시를 해둔 다음 나중에 푼다. 한 번 적은 답은 확실히 틀렸다고 생각되는 경우가 아니면 고치

지 말아야 나중에 후회하지 않는다. 긴 예문을 읽고 답해야 하는 경우 먼저 문제부터 읽고 예문을 읽어야 효율적이다.

|5| 정답이 분명하더라도 보기는 끝까지 읽어야 한다. 그리고 답안지에 정답을 제대로 표시했는지 확인하는 것도 잊지 말아야 한다. 시험에서 문제 푸는 것만큼 마무리도 중요하다.

| 중위권에서 상위권으로 도약하는 |

중학생 공부기술 27

2003년 7월 10일 초판 1쇄 발행

2004년 7월 20일 1쇄 발행
2008년 9월 10일 5쇄 발행

지은이/ 전효진 · 전태경 · 박태웅 · 김동환
그린이/ 이일선

펴낸이/ 김영철
펴낸곳/ 국민출판사
등록/ 제6-0515호
주소/ 서울특별시 마포구 서교동 382-14
전화/ (02)322-2434 (대표)　**팩스/** (02)322-2083
홈페이지/ www.kukminpub.com

기획마케팅/ 박효진
편집/ 나정애 · 이경희 · 홍성은　　**디자인/** 송은정
영업/ 김정미　　**관리/** 한정숙 · 김성환

ⓒ 국민출판사, 2003

ISBN 978-89-8165-130-5
값 7,800원

＊잘못된 책은 구입한 서점에서 교환하여 드립니다.